BILDWÖRTERBUCH
ITALIENISCH

**Helen Davies / Renate Navé
Illustrationen: John Shackell**

arsEdition

Inhalt

Zu diesem Buch

Dieser Band enthält über 2.000 nützliche italienische Wörter mit Bildern, die dir helfen, leichter zu lernen. Zur einfachen Unterscheidung der Wortgruppen sind bei den handschriftlichen Bildinschriften die Substantive normal geschrieben (*il libro* - das Buch), Verben, Adjektive und Sätze hingegen kursiv (*grande* - groß).

Substantive/Hauptwörter

Im Gegensatz zum Deutschen kennt das Italienische nur zwei Artikel: **il** beim männlichen (maskulinen), **la** beim weiblichen (femininen) Substantiv. Wenn ein Substantiv mit einem Vokal beginnt, wird **il** oder **la** zu **l'** verkürzt. Beginnt ein männliches Substantiv mit **s** vor einem Konsonant oder mit **z**, dann lautet der bestimmte Artikel in der Einzahl **lo**. Dem Mehrzahlartikel »die« entspricht im Italienischen **i** für die männliche Form und **le** für die weibliche Form. Die Mehrzahlform von **lo** ist **gli**. Männlich sind fast alle Substantive auf **-o**, Plural **-i**. Weiblich sind fast alle Substantive auf **-a**, Plural **-e**. Substantive auf **-a**, die männliche Lebewesen bezeichnen, sind maskulin und bilden den Plural auf **-i**. Substantive auf **-à** bleiben im Plural unverändert.

Adjektive/Eigenschaftswörter

Die Adjektive ändern sich je nachdem, ob das dazugehörige Substantiv maskulin oder feminin ist. Männliche Adjektive mit der Endung **-o** enden in der weiblichen Form auf **-a**. In der Mehrzahl enden sie auf **-i** oder **-e**. Es gibt auch Adjektive, die in der Einzahl auf **-e** enden. Diese gelten sowohl für die männliche als auch die weibliche Form. Die Mehrzahl davon endet auf **-i**. Auf den Bildern ist das Adjektiv jeweils dem dazugehörigen Substantiv angepaßt. In den Kästchen sind immer beide Formen angegeben, es sei denn, die maskuline und feminine Endung sind gleich.

Verben/Tätigkeitswörter

Im ganzen Buch erscheinen die Verben in der Grundform (Infinitiv; im Deutschen: z.B. verstecken, suchen). Alle italienischen Verben enden auf **-are**, **-ere** oder **-ire**. Wie du die verschiedenen Formen dieser Verben bilden und anwenden kannst, findest du auf Seite 99 erklärt. Zudem gibt es ab Seite 102 eine Liste mit unregelmäßigen Verben.

il ballerino

magra

cercare

Begegnungen

Buon giorno!	Guten Tag!	**l'uomo**	der Mann
Arrivederci!	Auf Wiedersehen!	**la donna**	die Frau
A presto!	Bis bald!	**il bebè**	das Baby
dare la mano	die Hand geben	**il ragazzo**	der Junge
dare un bacetto	einen Kuß geben	**la ragazza**	das Mädchen

presentare	vorstellen	**incontrare**	treffen
l'amica	die Freundin	**Come va?**	Wie geht's?
l'amico	der Freund	**Bene, grazie.**	Danke, gut.

discorrere	sich unterhalten
Sì	Ja
No	Nein
D'accordo!	Einverstanden!
dire	sagen
scoppiare in una grande risata	in Gelächter ausbrechen

discorrere

Sì

No

D'accordo!

dire

una grande risata

il nome

il prenome

Carla BUZZATI

il cognome

il nome	der Name
il prenome	der Vorname
il cognome	der Nachname
Come ti chiami?	Wie heißt du?
Mi chiamo ...	Ich heiße ...
Si chiama ...	Er heißt ...

Mi chiamo...

Si chiama...

Come ti chiami?

L'età

Quanti anni hai?

giovane

più vecchio di

più giovane di

vecchio

Ho diciannove anni.

la stessa età di

l'età	das Alter
Quanti anni hai?	Wie alt bist du?
Ho diciannove anni.	Ich bin neunzehn.
giovane	jung
vecchio (a)	alt
più vecchio di	älter als
più giovane di	jünger als
la stessa età di	genauso alt wie

5

Familie

la famiglia
il padre
la madre
il nonno
la zia
lo zio
la nonna
il fratello
la sorella
la cugina
il cugino

la famiglia	die Familie	**la nonna**	die Großmutter
il padre	der Vater	**la zia**	die Tante
la madre	die Mutter	**lo zio**	der Onkel
il fratello	der Bruder	**la cugina**	die Kusine
la sorella	die Schwester	**il cugino**	der Vetter
il nonno	der Großvater		

essere parente di
il figlio
il nipote
la figlia
la nipote
il nipote
educare
voler bene a
la nipote

essere parente di	verwandt sein mit	**la nipote**	die Enkelin
il figlio	der Sohn	**voler bene a**	lieb haben
la figlia	die Tochter	**il nipote**	der Neffe
educare	aufziehen	**la nipote**	die Nichte
il nipote	der Enkel		

la moglie

il marito

i genitori

amare

la moglie	die Ehefrau
il marito	der Ehemann
i genitori	die Eltern
amare	lieben
i figli	die Kinder
i gemelli	die Zwillinge
il figlio unico	der einzige Sohn

i figli

i gemelli

il figlio unico

la vita

l'infanzia

il matrimonio

la nascita

nascere

sposarsi

lo sposalizio

la morte

lavorare

la vecchiaia

morire

il funerale

la vita	das Leben	lo sposalizio	die Hochzeit
la nascita	die Geburt	lavorare	arbeiten
nascere	geboren werden	la vecchiaia	das Alter
l'infanzia	die Kindheit	la morte	der Tod
il matrimonio	die Ehe	morire	sterben
sposarsi	heiraten	il funerale	die Beerdigung

7

Aussehen und Charakter

carina

bello

carino (a)	hübsch
bello (a)	schön
robusto (a)	stark
debole	schwach
magro (a)	dünn
snello (a)	schlank
grasso (a)	dick

robusto

magro

grasso

debole

snella

essere biondo

essere calvo

capelli bruni

capelli rossi

capelli lisci

capelli ricciuti

la frangetta

le trecce

essere biondo (a)	blond sein, blonde Haare haben
capelli bruni	braune Haare
capelli rossi	rote Haare
capelli lisci	glatte Haare

capelli ricciuti	lockige Haare
la frangetta	der Pony
le trecce	die Zöpfe
essere calvo	eine Glatze haben

ben educato

scortese

generosa

sciocco

allegra

di malumore

timida

gentile

buffa

ben educato (a)	gut erzogen
scortese	unhöflich
generoso (a)	großzügig
sciocco (a)	albern
timido (a)	schüchtern
gentile	freundlich
buffo (a)	komisch
allegro (a)	fröhlich
di malumore	schlecht gelaunt

il colorito

portare gli occhiali

abbronzato

di pelle chiara

corrugare la fronte

le lentiggini

sorridere

avere i baffi

ridere

portare la barba

piangere

il colorito	die Hautfarbe	**portare gli occhiali**	eine Brille tragen
abbronzato (a)	braun	**corrugare la fronte**	die Stirn runzeln
di pelle chiara	hellhäutig	**sorridere**	lächeln
le lentiggini	die Sommersprossen	**ridere**	lachen
avere i baffi	einen Schnurrbart haben	**piangere**	weinen
portare la barba	einen Bart haben		

9

Der Körper

la testa	der Kopf
i capelli	die Haare
il viso	das Gesicht
la pelle	die Haut
l'occhio	das Auge
la guancia	die Wange
il naso	die Nase
l'orecchio	das Ohr
la bocca	der Mund
il dente	der Zahn
la lingua	die Zunge
il labbro	die Lippe
il collo	der Hals
il mento	das Kinn

la testa
i capelli
il viso
la pelle
l'occhio
la guancia
il naso
l'orecchio
la bocca
il dente
la lingua
il labbro
il collo
il mento

il corpo
la spalla
la mano
il dito
il pollice
il petto
il polso
il braccio
la schiena
il ventre
il gomito
la gamba
il ginocchio
il dito del piede
il malleolo
il piede
il calcagno

il corpo	der Körper
la spalla	die Schulter
il petto	die Brust
il braccio	der Arm
il gomito	der Ellbogen
la mano	die Hand
il dito	der Finger
il pollice	der Daumen
il polso	das Handgelenk
la schiena	der Rücken
il ventre	der Bauch
la gamba	das Bein
il ginocchio	das Knie
il dito del piede	der Zeh
il piede	der Fuß
il malleolo	der Knöchel
il calcagno	die Ferse

essere alto (a)	groß sein
essere basso (a)	klein sein
pesarsi	sich wiegen
essere leggero (a)	le cht sein
essere pesante	schwer sein

essere alto

essere basso

la parte sinistra

la parte destra

pesarsi

essere leggero

essere pesante

la parte sinistra	die linke Seite
la parte destra	die rechte Seite

inginocchiarsi

sdraiarsi

essere disteso

andare scalzo

stare in ginocchio

sedersi

alzarsi

stare in piedi

essere seduto

andare scalzo (a)	barfuß gehen
alzarsi	aufstehen
stare in piedi	stehen
inginocchiarsi	sich hinknien
stare in ginocchio	knien
sdraiarsi	sich hinlegen
essere disteso (a)	liegen
sedersi	sich setzen
essere seduto (a)	sitzen

11

Wohnen

il caseggiato

l'appartamento

Abito qui.

il secondo piano

la porta

il campanello

suonare il campanello

la cassetta della posta

lo zerbino

il primo piano

il balcone

il portinaio

il pianterreno

andare ad abitare

la casa

abitare in una casa

la vicina

la proprietaria

sloggiare

il locatario

lo scantinato

il caseggiato	das Mietshaus
l'appartamento	die Wohnung
Abito qui.	Ich wohne hier.
il secondo piano	der zweite Stock
la porta	die Wohnungstür
il campanello	die Klingel
suonare il campanello	klingeln
la cassetta della posta	der Briefkasten
lo zerbino	die Fußmatte
il balcone	der Balkon
il primo piano	der erste Stock
il portinaio	der Hausmeister
andare ad abitare	einziehen
il pianterreno	das Erdgeschoß

la casa	das Haus
abitare in una casa	in einem Haus wohnen
la vicina	die Nachbarin
la proprietaria	die Eigentümerin
sloggiare	ausziehen
il locatario	der Mieter
lo scantinato	das Untergeschoß

12

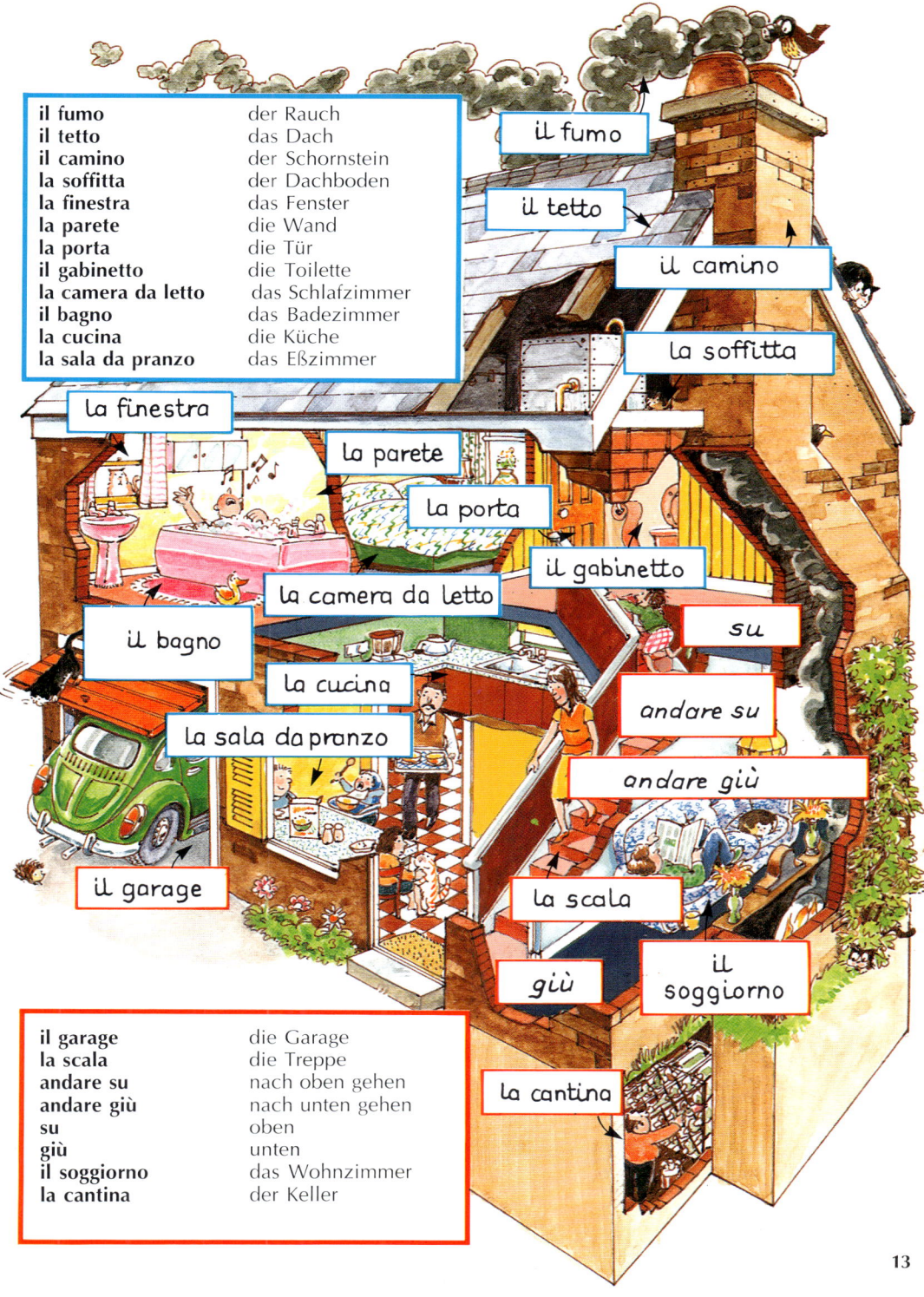

il fumo	der Rauch
il tetto	das Dach
il camino	der Schornstein
la soffitta	der Dachboden
la finestra	das Fenster
la parete	die Wand
la porta	die Tür
il gabinetto	die Toilette
la camera da letto	das Schlafzimmer
il bagno	das Badezimmer
la cucina	die Küche
la sala da pranzo	das Eßzimmer

il fumo

il tetto

il camino

la soffitta

la finestra

la parete

la porta

il gabinetto

la camera da letto

su

il bagno

andare su

la cucina

andare giù

la sala da pranzo

il garage

la scala

giù

il soggiorno

la cantina

il garage	die Garage
la scala	die Treppe
andare su	nach oben gehen
andare giù	nach unten gehen
su	oben
giù	unten
il soggiorno	das Wohnzimmer
la cantina	der Keller

13

Eß- und Wohnzimmer

la sala da pranzo	das Eßzimmer
la lampada	die Lampe
il radiatore	der Heizkörper
la tavola	der Tisch
la sedia	der Stuhl
il pavimento	der Fußboden
il tappeto	der Teppich

La sala
da pranzo

La lampada

il radiatore

La tavola

La sedia

il pavimento

il soggiorno

l'orologio

la tenda

il fuoco

il tappeto

la poltrona

il caminetto

essere seduto
davanti
al caminetto

leggere un libro

la moquette

guardare la televisione

il televisore

il videoregistratore

il divano

la radio

il soggiorno	das Wohnzimmer	**leggere un libro**	ein Buch lesen
l'orologio	die Uhr	**guardare la televisione**	fernsehen
la tenda	der Vorhang	**il divano**	das Sofa
il fuoco	das Feuer	**la moquette**	der Teppichboden
il caminetto	der Kamin	**il televisore**	der Fernseher
la poltrona	der Sessel	**il videoregistratore**	der Videorecorder
essere seduto (a)	am Kamin sitzen	**la radio**	das Radio
davanti al caminetto			

14

In der Küche

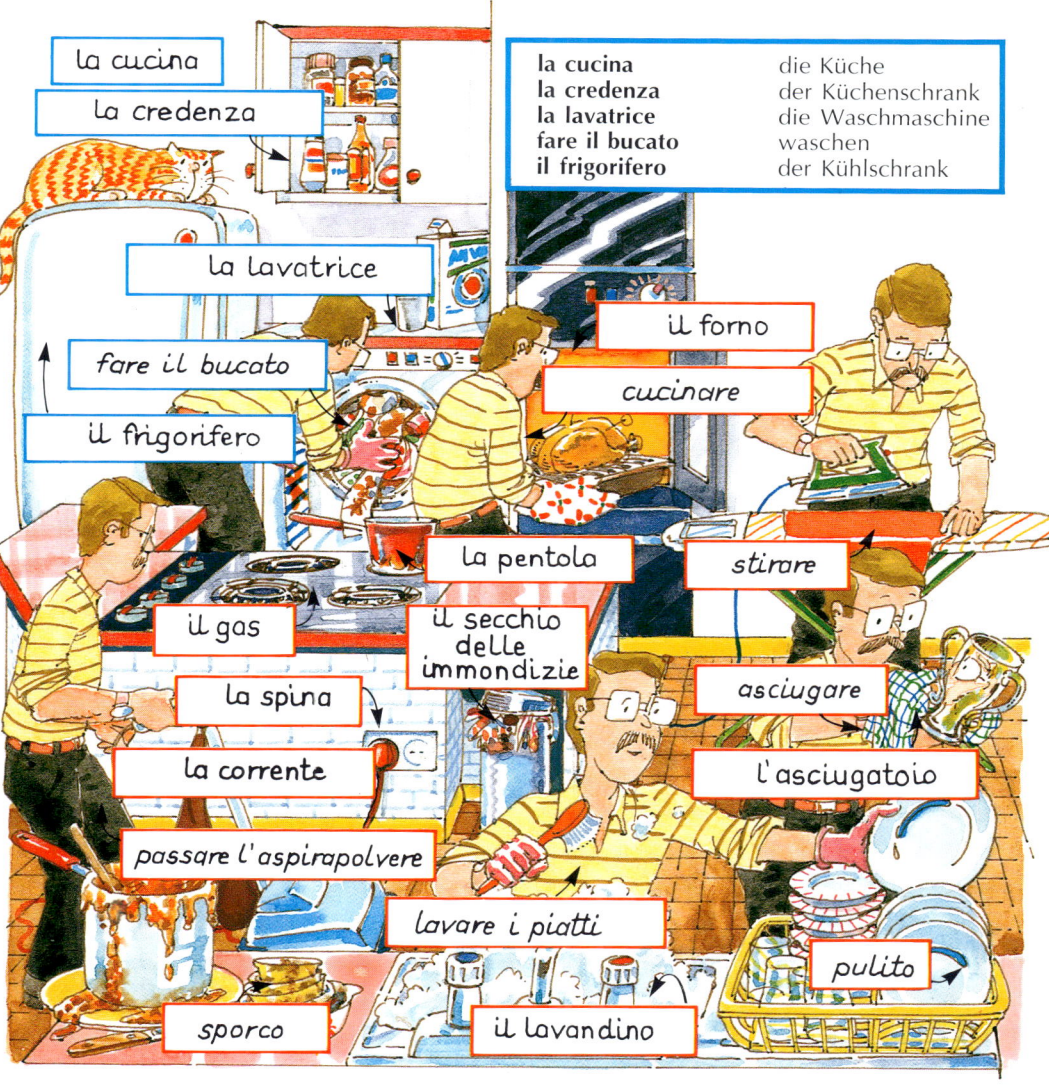

la cucina

la credenza

la cucina	die Küche
la credenza	der Küchenschrank
la lavatrice	die Waschmaschine
fare il bucato	waschen
il frigorifero	der Kühlschrank

la lavatrice

fare il bucato

il frigorifero

il forno

cucinare

la pentola

stirare

il gas

il secchio delle immondizie

la spina

asciugare

la corrente

l'asciugatoio

passare l'aspirapolvere

lavare i piatti

pulito

sporco

il lavandino

il forno	der Backofen	la corrente	der elektrische Strom
cucinare	kochen	passare l'aspirapolvere	staubsaugen
la pentola	der Kochtopf	lavare i piatti	abwaschen
il gas	das Gas	sporco (a)	schmutzig
il secchio delle immondizie	der Mülleimer	il lavandino	das Spülbecken
stirare	bügeln	asciugare	abtrocknen
la spina	der Stecker	l'asciugatoio	das Geschirrtuch
		pulito (a)	sauber

Im Garten

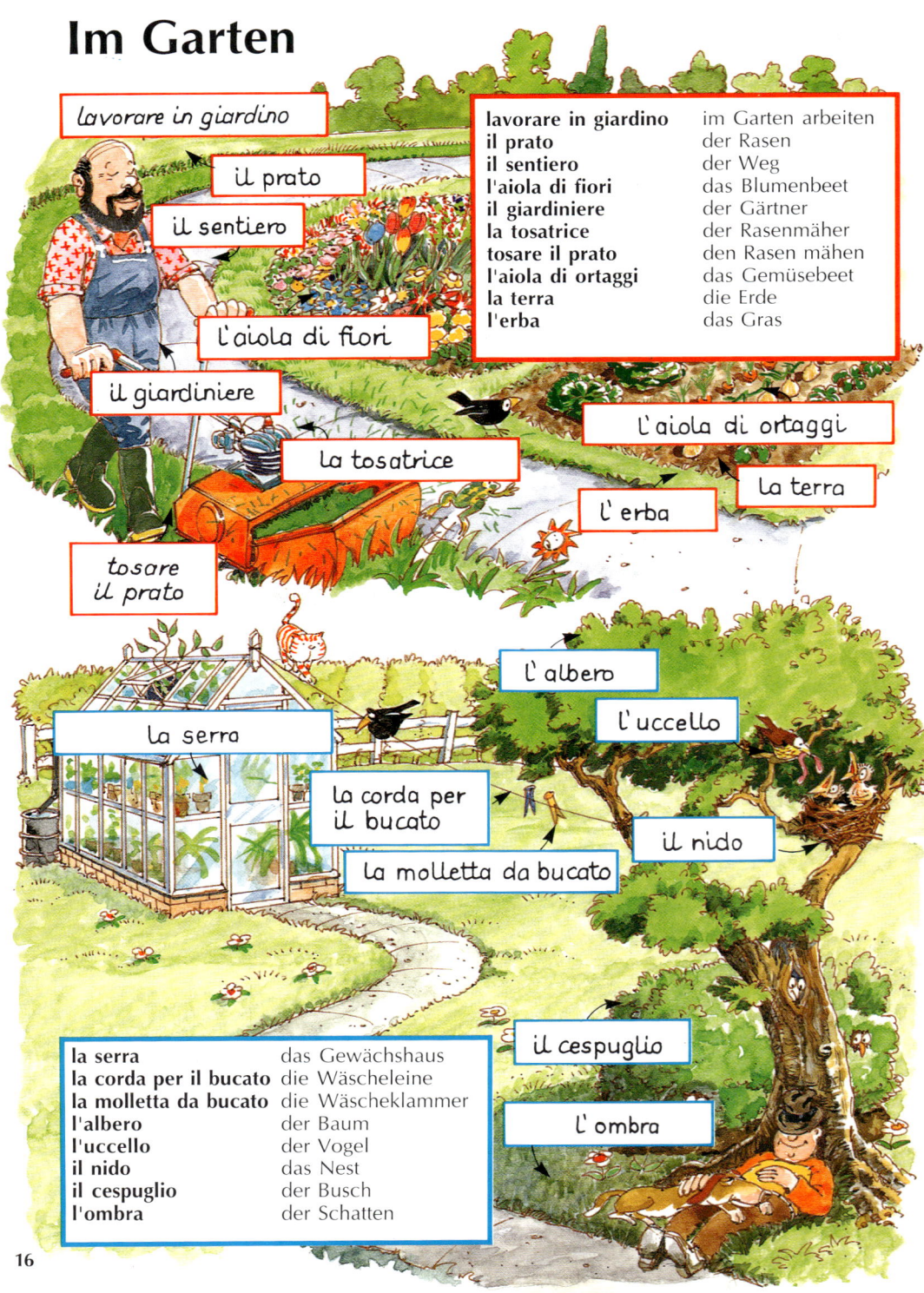

lavorare in giardino

il prato

il sentiero

l'aiola di fiori

il giardiniere

lavorare in giardino	im Garten arbeiten
il prato	der Rasen
il sentiero	der Weg
l'aiola di fiori	das Blumenbeet
il giardiniere	der Gärtner
la tosatrice	der Rasenmäher
tosare il prato	den Rasen mähen
l'aiola di ortaggi	das Gemüsebeet
la terra	die Erde
l'erba	das Gras

l'aiola di ortaggi

la tosatrice

la terra

l'erba

tosare il prato

l'albero

l'uccello

la serra

la corda per il bucato

il nido

la molletta da bucato

il cespuglio

l'ombra

la serra	das Gewächshaus
la corda per il bucato	die Wäscheleine
la molletta da bucato	die Wäscheklammer
l'albero	der Baum
l'uccello	der Vogel
il nido	das Nest
il cespuglio	der Busch
l'ombra	der Schatten

16

- l'ape
- la farfalla
- la vespa
- pungere
- la rosa
- profumato
- multicolore
- la dalia
- il geranio
- il tulipano
- il narciso
- il non-ti-scordar-di-me
- il seme
- l'erbaccia
- piantare
- il bulbo
- sarchiare l'erbaccia

l'ape	die Biene	il tulipano	die Tulpe
la farfalla	der Schmetterling	il non-ti-scordar-di-me	das Vergißmeinnicht
la vespa	die Wespe	il narciso	die Narzisse
pungere	stechen	il seme	der Samen
la rosa	die Rose	piantare	pflanzen
profumato (a)	duftend	il bulbo	die Blumenzwiebel
multicolore	bunt	sarchiare l'erbaccia	Unkraut jäten
la dalia	die Dahlie	l'erbaccia	das Unkraut
il geranio	die Geranie		

- la vanga
- il casotto degli attrezzi
- il forcone
- l'annaffiatioio
- la carriola
- la pala
- il rastrello

il casotto degli attrezzi	das Gartenhäuschen
la carriola	die Schubkarre
la pala	die Schaufel
il rastrello	die Harke
la vanga	der Spaten
il forcone	die Forke, Mistgabel
l'annaffiatioio	die Gießkanne

17

Haustiere

il cane	der Hund
il canile	die Hundehütte
il cucciolo	der Welpe
il pelo	das Fell
la zampa	die Pfote
giocherellone	verspielt
abbaiare	bellen
ATTENTI AL CANE!	VORSICHT, BISSIGER HUND!
cacciare	jagen
portare	bringen
la coda	der Schwanz
scodinzolare	mit dem Schwanz wedeln
ringhiare	knurren
portare fuori il cane	den Hund ausführen

il cane
il canile
il cucciolo
il pelo
la zampa
giocherellone
abbaiare
ATTENTI AL CANE!
cacciare
portare
ringhiare
la coda
scodinzolare
portare fuori il cane

il gatto	die Katze
il cesto	der Korb
fare le fusa	schnurren
il gattino	das Kätzchen
miagolare	miauen
stirarsi	sich strecken
l'artiglio	die Kralle
tranquillo (a)	sanft
carino (a)	niedlich

il gatto
il cesto
fare le fusa
il gattino
miagolare
stirarsi
l'artiglio
tranquillo
carino

18

il pappagallino	der Wellensittich	**il coniglio**	das Kaninchen
appollaiarsi	hocken	**la tartaruga**	die Schildkröte
l'ala	der Flügel	**la gabbia**	der Käfig
il becco	der Schnabel	**dare da mangiare a**	füttern
la penna	die Feder	**il pesce rosso**	der Goldfisch
il criceto	der Hamster	**il topo**	die Maus
il riccio	der Igel	**il vaso dei**	das Goldfischglas
il porcellino d'India	das Meerschweinchen	**pesci rossi**	

19

Aufstehen

svegliarsi

Buon giorno!

stropicciarsi gli occhi

sbadigliare

la sveglia

svegliarsi	aufwachen
Buon giorno!	Guten Morgen!
stropicciarsi gli occhi	sich die Augen reiben
sbadigliare	gähnen
la sveglia	der Wecker

alzarsi

aprire le tende

alzarsi	aufstehen
aprire le tende	die Vorhänge aufziehen
la vestaglia	der Morgenmantel

la vestaglia

la doccia

fare la doccia

lavarsi i capelli

lo shampoo

la doccia	die Dusche
fare la doccia	duschen
lavarsi i capelli	sich die Haare waschen
lo shampoo	das Shampoo
lavarsi	sich waschen
il sapone	die Seife
il guanto da bagno	der Waschlappen
asciugarsi	sich abtrocknen
l'asciugamano	das Handtuch
nudo (a)	nackt

asciugarsi

l'asciugamano

lavarsi

il sapone

nudo

il guanto da bagno

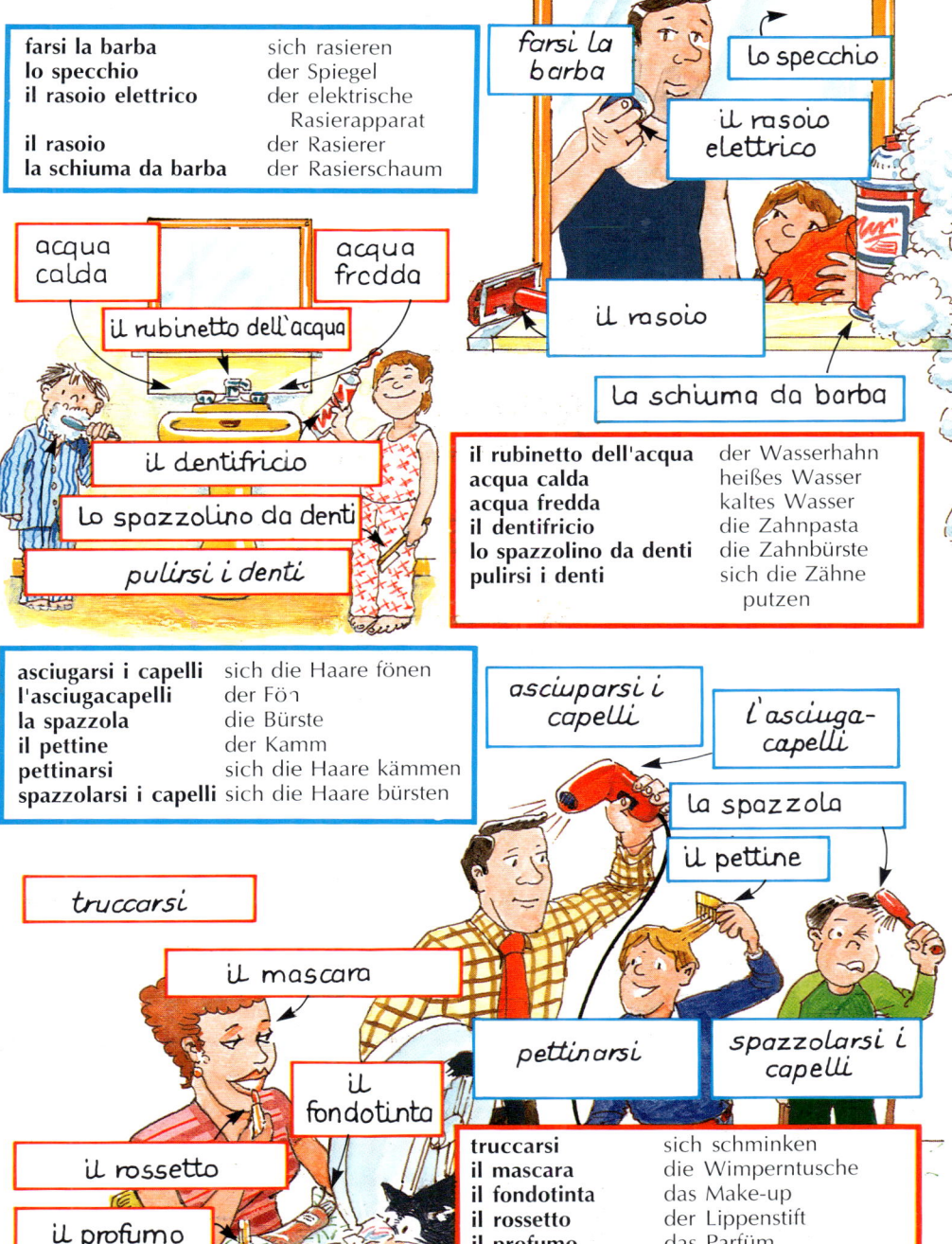

farsi la barba — sich rasieren
lo specchio — der Spiegel
il rasoio elettrico — der elektrische Rasierapparat
il rasoio — der Rasierer
la schiuma da barba — der Rasierschaum

farsi la barba

lo specchio

il rasoio elettrico

il rasoio

la schiuma da barba

acqua calda

acqua fredda

il rubinetto dell'acqua

il dentifricio

lo spazzolino da denti

pulirsi i denti

il rubinetto dell'acqua — der Wasserhahn
acqua calda — heißes Wasser
acqua fredda — kaltes Wasser
il dentifricio — die Zahnpasta
lo spazzolino da denti — die Zahnbürste
pulirsi i denti — sich die Zähne putzen

asciugarsi i capelli — sich die Haare fönen
l'asciugacapelli — der Fön
la spazzola — die Bürste
il pettine — der Kamm
pettinarsi — sich die Haare kämmen
spazzolarsi i capelli — sich die Haare bürsten

asciuparsi i capelli

l'asciuga-capelli

la spazzola

il pettine

truccarsi

il mascara

pettinarsi

spazzolarsi i capelli

il fondotinta

il rossetto

il profumo

truccarsi — sich schminken
il mascara — die Wimperntusche
il fondotinta — das Make-up
il rossetto — der Lippenstift
il profumo — das Parfüm

21

Kleidung

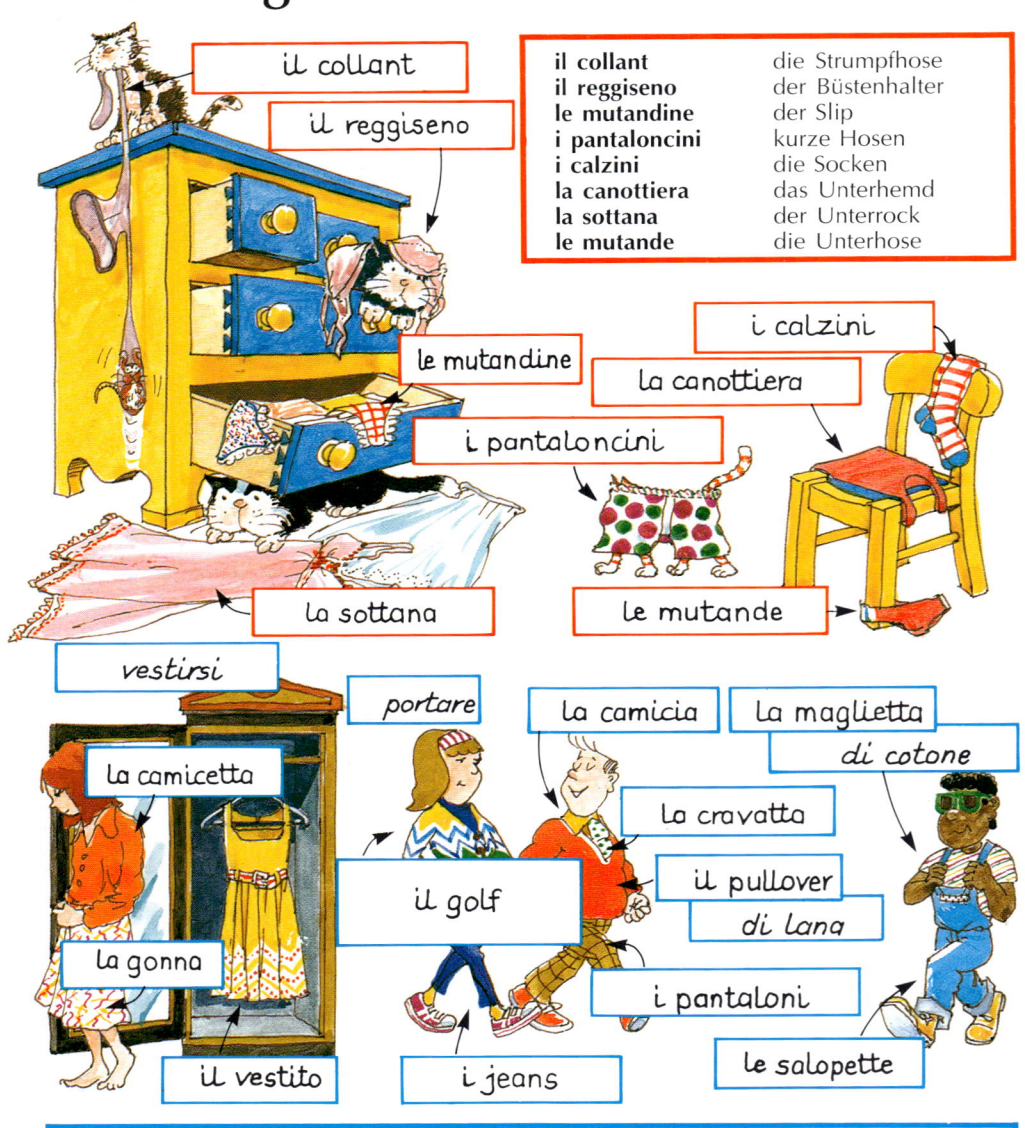

il collant

il reggiseno

il collant	die Strumpfhose
il reggiseno	der Büstenhalter
le mutandine	der Slip
i pantaloncini	kurze Hosen
i calzini	die Socken
la canottiera	das Unterhemd
la sottana	der Unterrock
le mutande	die Unterhose

le mutandine

la canottiera

i calzini

i pantaloncini

la sottana

le mutande

vestirsi

portare

la camicia

la maglietta

di cotone

la camicetta

la cravatta

il golf

il pullover

di lana

la gonna

i pantaloni

il vestito

i jeans

le salopette

vestirsi	sich anziehen	**la cravatta**	die Krawatte
la camicetta	die Bluse	**il pullover**	der Pullover
la gonna	der Rock	**di lana**	aus Wolle
il vestito	das Kleid	**i pantaloni**	die Hosen
portare	tragen	**la maglietta**	das T-Shirt
il golf	die Wolljacke	**di cotone**	aus Baumwolle
i jeans	die Jeans	**le salopette**	die Latzhose
la camicia	das Hemd		

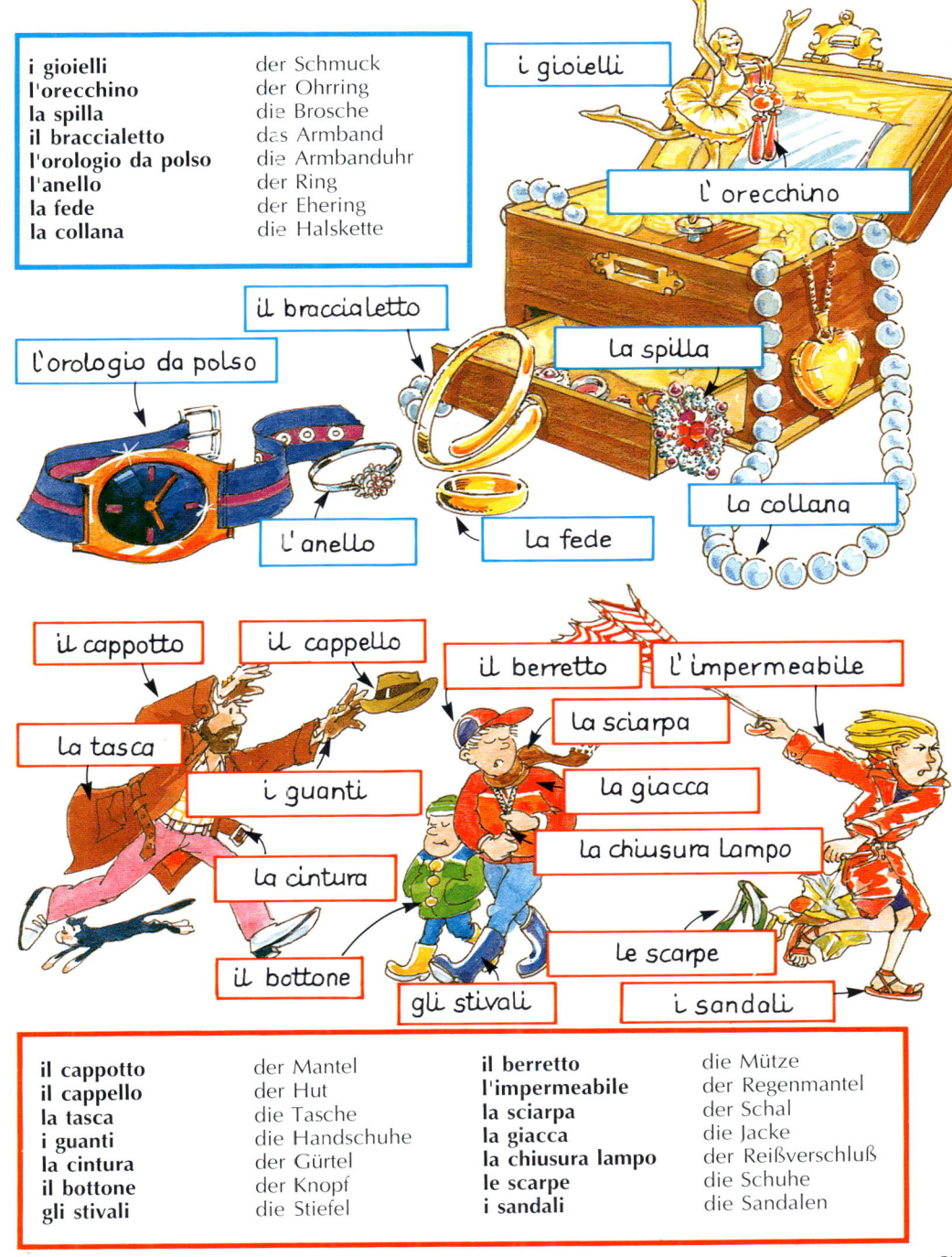

i gioielli	der Schmuck
l'orecchino	der Ohrring
la spilla	die Brosche
il braccialetto	das Armband
l'orologio da polso	die Armbanduhr
l'anello	der Ring
la fede	der Ehering
la collana	die Halskette

i gioielli

l'orecchino

la spilla

il braccialetto

l'orologio da polso

la collana

l'anello

la fede

il cappotto

il cappello

il berretto

l'impermeabile

la tasca

la sciarpa

i guanti

la giacca

la chiusura lampo

la cintura

il bottone

le scarpe

gli stivali

i sandali

il cappotto	der Mantel	il berretto	die Mütze
il cappello	der Hut	l'impermeabile	der Regenmantel
la tasca	die Tasche	la sciarpa	der Schal
i guanti	die Handschuhe	la giacca	die Jacke
la cintura	der Gürtel	la chiusura lampo	der Reißverschluß
il bottone	der Knopf	le scarpe	die Schuhe
gli stivali	die Stiefel	i sandali	die Sandalen

23

Zu Bett gehen

l'ora di andare a dormire	die Schlafenszeit
accendere la luce	das Licht anmachen
aver sonno	müde sein
mettere in ordine	aufräumen
svestirsi	sich ausziehen

l'ora di andare a dormire

accendere la luce

aver sonno

mettere in ordine

svestirsi

fare scorrere l'acqua del bagno

fare il bagno

la vasca da bagno

il tappo

l'accappatoio

spruzzare

lo scendibagno

la bilancia

fare scorrere l'acqua del bagno	das Badewasser einlaufen lassen
fare il bagno	ein Bad nehmen
la vasca da bagno	die Badewanne
il tappo	der Stöpsel
l'accappatoio	der Bademantel
spruzzare	spritzen
lo scendibagno	die Badematte
la bilancia	die Waage

24

coricarsi

il pigiama

la camicia da notte

le pantofole

coricarsi	ins Bett gehen
il pigiama	der Schlafanzug
la camicia da notte	das Nachthemd
le pantofole	die Hausschuhe

La ninnananna

leggere una storia

la culla

addormentarsi

la ninnananna	das Schlaflied
leggere una storia	eine Geschichte vorlesen
la culla	das Kinderbett
addormentarsi	einschlafen

Buona notte!

Dormi bene!

sognare

russare

dormire

il guanciale

spegnere

la lampada

il lenzuolo

il piumino

il copriletto

il comodino

il letto

Buona notte!	Gute Nacht!	**il comodino**	der Nachttisch
Dormi bene!	Schlaf gut!	**il piumino**	das Federbett
sognare	träumen	**il letto**	das Bett
dormire	schlafen	**russare**	schnarchen
spegnere	ausschalten	**il guanciale**	das Kopfkissen
la lampada	die Lampe	**il lenzuolo**	das Bettlaken
		il copriletto	die Tagesdecke

25

Essen und Trinken

apparecchiare la tavola	den Tisch decken
A tavola!	Zu Tisch!
la caffettiera/teiera	die Kaffee-/Teekanne
il tovagliolo	die Serviette
il bicchiere	das Glas
il piatto fondo	die Suppentasse
il piatto	der Teller
la tazza	die Tasse
il piattino	die Untertasse
la tovaglia	die Tischdecke
la brocca	der Krug
il cucchiaio	der Löffel
il coltello	das Messer
la forchetta	die Gabel

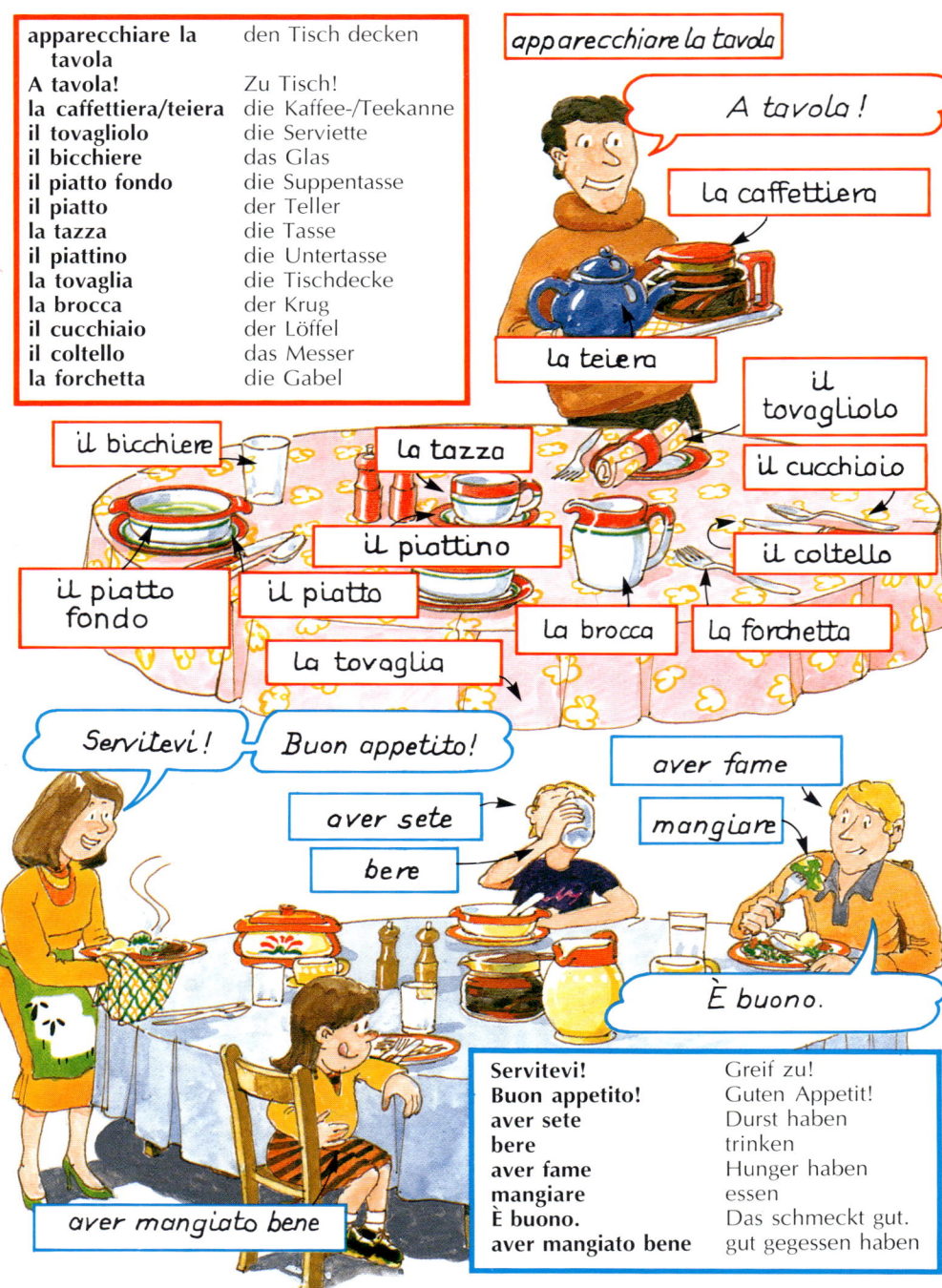

apparecchiare la tavola

A tavola!

La caffettiera

La teiera

il tovagliolo

il bicchiere

La tazza

il cucchiaio

il piattino

il coltello

il piatto fondo

il piatto

La brocca

La forchetta

La tovaglia

Servitevi!

Buon appetito!

aver fame

aver sete

mangiare

bere

È buono.

aver mangiato bene

Servitevi!	Greif zu!
Buon appetito!	Guten Appetit!
aver sete	Durst haben
bere	trinken
aver fame	Hunger haben
mangiare	essen
È buono.	Das schmeckt gut.
aver mangiato bene	gut gegessen haben

la colazione

la colazione	das Frühstück
il succo di frutta	der Fruchtsaft
il caffè	der Kaffee
il tè	der Tee
il burro	die Butter
il pane	das Brot

il succo di frutta

il burro

il caffè

il pane

il tè

la cena	das Abendessen
l'insalata	der Salat
il formaggio	der Käse
la frutta	das Obst
la birra	das Bier
l'acqua minerale	das Mineralwasser

il pranzo

la minestra

la cena

l'arrosto

l'insalata

il vino

il formaggio

la verdura

la frutta

il dolce

la birra

il pranzo	das Mittagessen
la minestra	die Suppe
l'arrosto	der Braten
il vino	der Wein
la verdura	das Gemüse
il dolce	die Nachspeise

L'acqua minerale

Lebensmittel

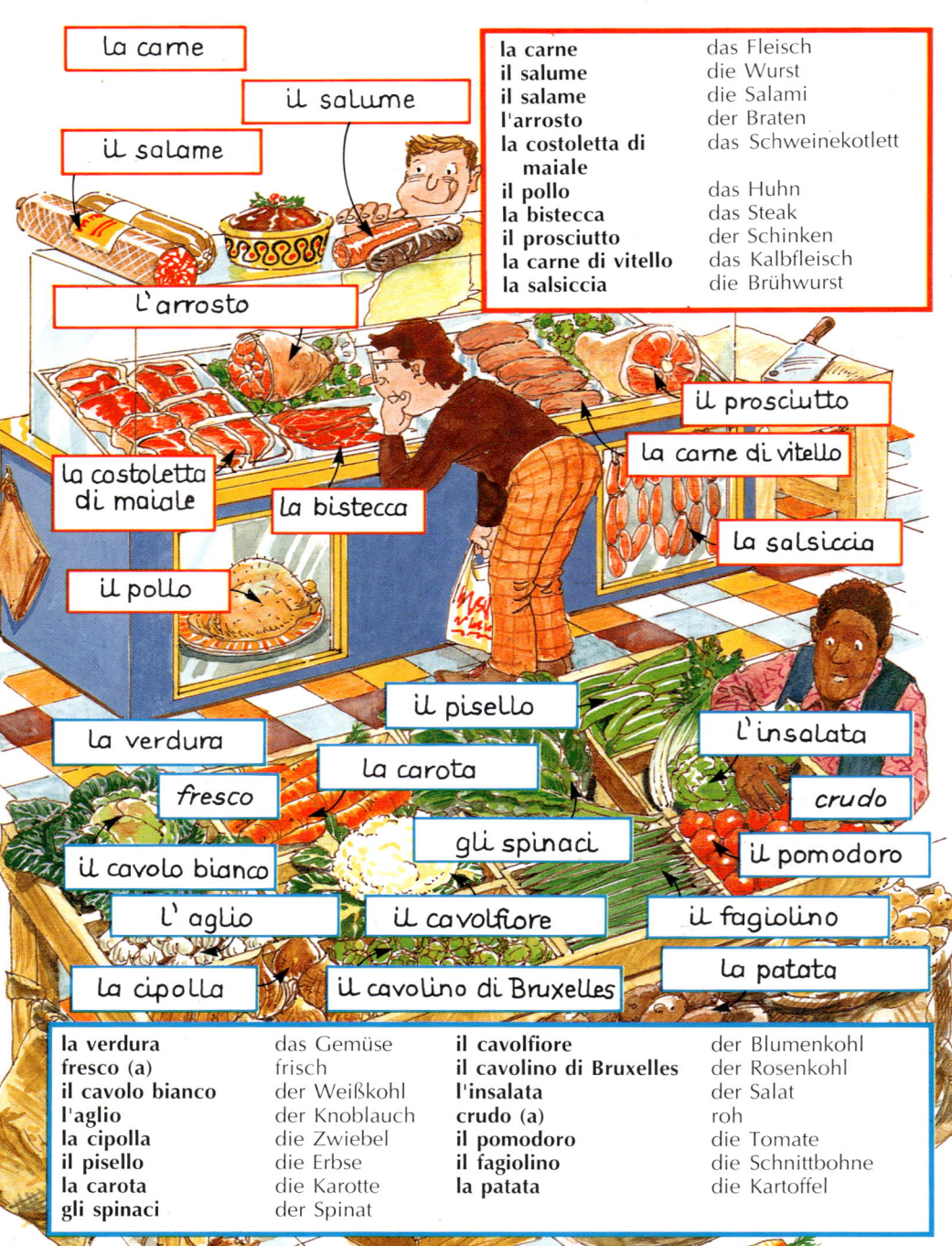

la carne

il salume

il salame

l'arrosto

il prosciutto

la carne di vitello

la salsiccia

la costoletta di maiale

la bistecca

il pollo

la carne	das Fleisch
il salume	die Wurst
il salame	die Salami
l'arrosto	der Braten
la costoletta di maiale	das Schweinekotlett
il pollo	das Huhn
la bistecca	das Steak
il prosciutto	der Schinken
la carne di vitello	das Kalbfleisch
la salsiccia	die Brühwurst

il pisello

la verdura

la carota

fresco

gli spinaci

il cavolo bianco

l'aglio

il cavolfiore

la cipolla

il cavolino di Bruxelles

l'insalata

crudo

il pomodoro

il fagiolino

la patata

la verdura	das Gemüse	il cavolfiore	der Blumenkohl
fresco (a)	frisch	il cavolino di Bruxelles	der Rosenkohl
il cavolo bianco	der Weißkohl	l'insalata	der Salat
l'aglio	der Knoblauch	crudo (a)	roh
la cipolla	die Zwiebel	il pomodoro	die Tomate
il pisello	die Erbse	il fagiolino	die Schnittbohne
la carota	die Karotte	la patata	die Kartoffel
gli spinaci	der Spinat		

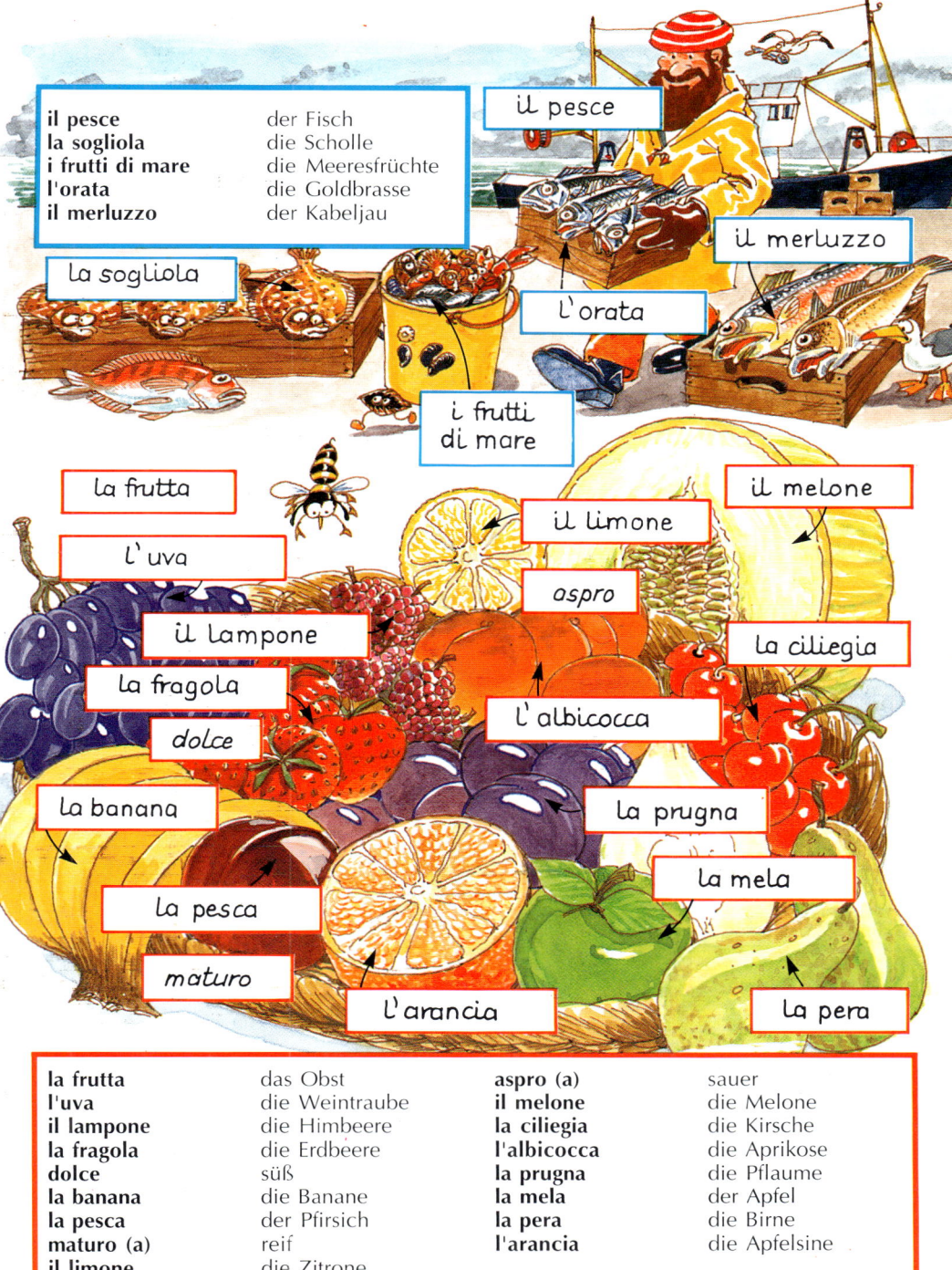

il pesce

il pesce	der Fisch
la sogliola	die Scholle
i frutti di mare	die Meeresfrüchte
l'orata	die Goldbrasse
il merluzzo	der Kabeljau

il merluzzo

la sogliola

l'orata

i frutti di mare

la frutta

l'uva

il limone

il melone

aspro

il lampone

la ciliegia

la fragola

l'albicocca

dolce

la banana

la prugna

la mela

la pesca

maturo

l'arancia

la pera

la frutta	das Obst	**aspro (a)**	sauer
l'uva	die Weintraube	**il melone**	die Melone
il lampone	die Himbeere	**la ciliegia**	die Kirsche
la fragola	die Erdbeere	**l'albicocca**	die Aprikose
dolce	süß	**la prugna**	die Pflaume
la banana	die Banane	**la mela**	der Apfel
la pesca	der Pfirsich	**la pera**	die Birne
maturo (a)	reif	**l'arancia**	die Apfelsine
il limone	die Zitrone		

Lebensmittel

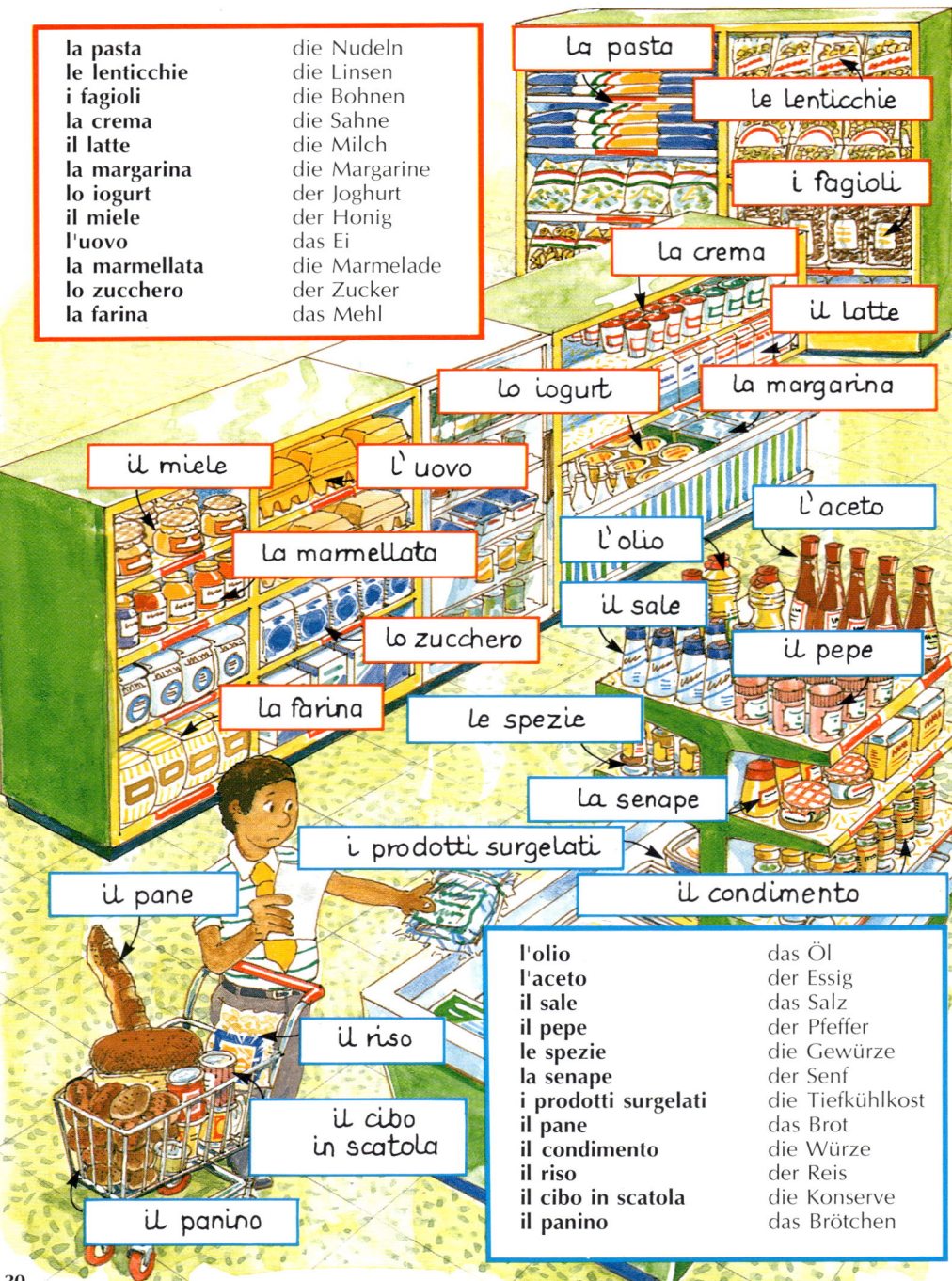

la pasta	die Nudeln
le lenticchie	die Linsen
i fagioli	die Bohnen
la crema	die Sahne
il latte	die Milch
la margarina	die Margarine
lo iogurt	der Joghurt
il miele	der Honig
l'uovo	das Ei
la marmellata	die Marmelade
lo zucchero	der Zucker
la farina	das Mehl

la pasta
le lenticchie
i fagioli
la crema
il latte
la margarina
lo iogurt
il miele
l'uovo
la marmellata
lo zucchero
la farina
l'aceto
l'olio
il sale
il pepe
le spezie
la senape
i prodotti surgelati
il pane
il condimento
il riso
il cibo in scatola
il panino

l'olio	das Öl
l'aceto	der Essig
il sale	das Salz
il pepe	der Pfeffer
le spezie	die Gewürze
la senape	der Senf
i prodotti surgelati	die Tiefkühlkost
il pane	das Brot
il condimento	die Würze
il riso	der Reis
il cibo in scatola	die Konserve
il panino	das Brötchen

il cioccolato	die Schokolade
il biscotto	der Keks
il dolce di frutta	das Obsttörtchen
il bombolone	der Krapfen
la torta alla panna	die Sahnetorte
il gelato	das Eis
la brioche	das Hefeteilchen

il cioccolato

il biscotto

il bombolone

la torta alla panna

la brioche

il dolce di frutta

il gelato

cucinare

la ricetta

assaggiare

il sapore

gli ingredienti

mescolare

Squisito!

cucinare	kochen
la ricetta	das Rezept
gli ingredienti	die Zutaten
mescolare	rühren
assaggiare	probieren
il sapore	der Geschmack
Squisito!	Köstlich!

31

Freizeit

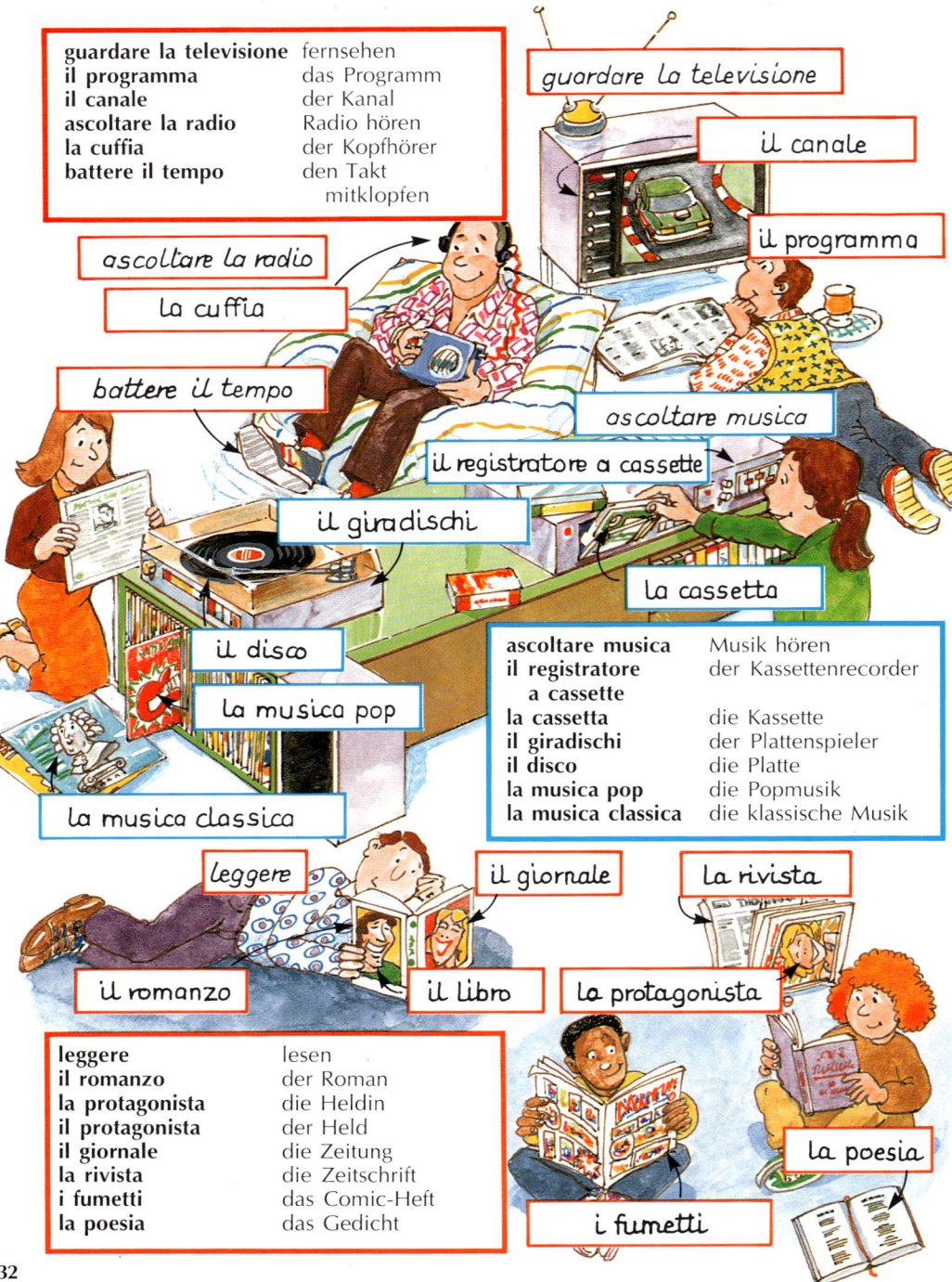

guardare la televisione	fernsehen
il programma	das Programm
il canale	der Kanal
ascoltare la radio	Radio hören
la cuffia	der Kopfhörer
battere il tempo	den Takt mitklopfen

guardare la televisione

il canale

il programma

ascoltare la radio

la cuffia

battere il tempo

ascoltare musica

il registratore a cassette

il giradischi

la cassetta

il disco

la musica pop

la musica classica

ascoltare musica	Musik hören
il registratore a cassette	der Kassettenrecorder
la cassetta	die Kassette
il giradischi	der Plattenspieler
il disco	die Platte
la musica pop	die Popmusik
la musica classica	die klassische Musik

leggere

il giornale

la rivista

il romanzo

il libro

la protagonista

la poesia

i fumetti

leggere	lesen
il romanzo	der Roman
la protagonista	die Heldin
il protagonista	der Held
il giornale	die Zeitung
la rivista	die Zeitschrift
i fumetti	das Comic-Heft
la poesia	das Gedicht

i ferri da calza

lavorare a maglia

il disegno

lavorare a maglia	stricken
i ferri da calza	die Stricknadeln
il disegno	das Muster
la lana	die Wolle

la lana

cucire	nähen
il tessuto	der Stoff
le forbici	die Schere
il filo	der Faden
lo spillo	die Stecknadel
l'ago	die Nadel
orlare	säumen

cucire

il tessuto

il filo

orlare

l'ago

le forbici

lo spillo

il fai da te

il cacciavite

il martello

abile

riparare

lavori da falegname

la sega

segare

lavori da falegname	das Tischlern
il fai da te	das Heimwerken
la sega	die Säge
segare	sägen
il martello	der Hammer
riparare	reparieren
abile	geschickt
il cacciavite	der Schraubenzieher

33

Freizeit

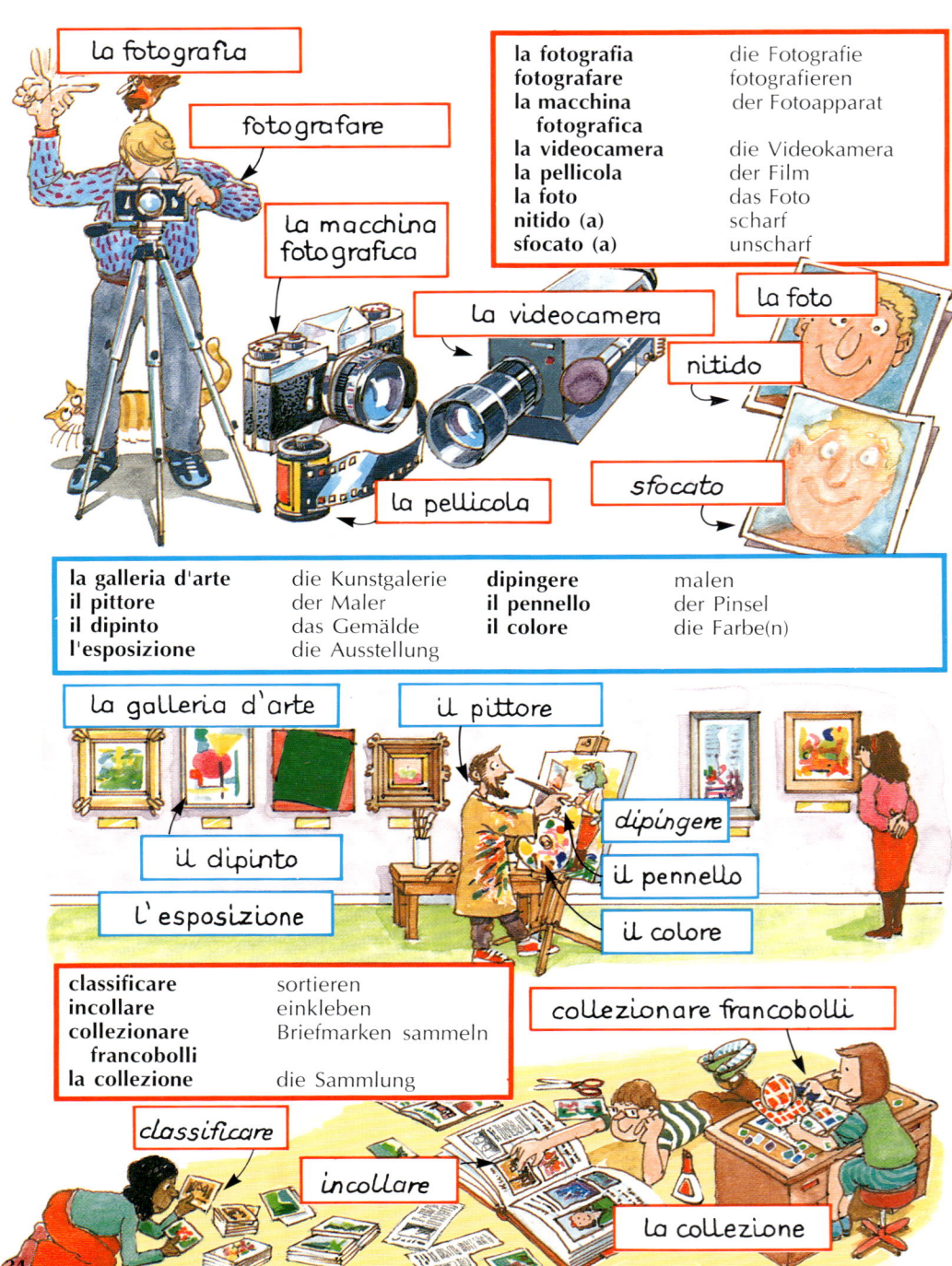

la fotografia

fotografare

la macchina fotografica

la fotografia	die Fotografie
fotografare	fotografieren
la macchina fotografica	der Fotoapparat
la videocamera	die Videokamera
la pellicola	der Film
la foto	das Foto
nitido (a)	scharf
sfocato (a)	unscharf

la videocamera

la foto

nitido

sfocato

la pellicola

la galleria d'arte	die Kunstgalerie	dipingere	malen
il pittore	der Maler	il pennello	der Pinsel
il dipinto	das Gemälde	il colore	die Farbe(n)
l'esposizione	die Ausstellung		

la galleria d'arte

il pittore

il dipinto

dipingere

il pennello

l'esposizione

il colore

classificare	sortieren
incollare	einkleben
collezionare francobolli	Briefmarken sammeln
la collezione	die Sammlung

collezionare francobolli

classificare

incollare

la collezione

34

la musicista	die Musikerin	suonare la batteria	Schlagzeug spielen
lo strumento	das Instrument	suonare la tromba	Trompete spielen
suonare il violino	Geige spielen	suonare il cello	Cello spielen
suonare il piano	Klavier spielen	l'orchestra	das Orchester
suonare la chitarra	Gitarre spielen	il direttore d'orchestra	der Dirigent

la musicista

lo strumento

suonare il violino

suonare il piano

suonare la batteria

suonare la chitarra

suonare la tromba

suonare il cello

l' orchestra

il direttore d' orchestra

cantare

la melodia

cantare	singen
la melodia	die Melodie
il coro	der Chor
stonare	falsch singen

stonare

il coro

i giochi

i giochi	die Spiele
giocare alle carte	Karten spielen
giocare alla dama	Dame spielen
giocare agli scacchi	Schach spielen
il gioco da tavola	das Brettspiel

giocare alle carte

giocare alla dama

il gioco da tavola

giocare agli scacchi

Ausgehen

il cinema	das Kino
andare al cinema	ins Kino gehen
il film	der Film
il posto	der Platz
la maschera	die Platzanweiserin
la cassa	die Kasse

il cinema

andare al cinema

il film

la maschera

il posto

la cassa

andare a ballare

il disc-jockey

andare a ballare	tanzen gehen
il disc-jockey	der Disc-Jockey
ballare	tanzen
la pista da ballo	die Tanzfläche

ballare

il teatro

il lavoro teatrale

la pista da ballo

la scena

Bis!

l'attrice

il proiettore

l'attore

gli spettatori

il palcoscenico

applaudire

divertirsi

il teatro	das Theater
il lavoro teatrale	das Theaterstück
la scena	das Bühnenbild
il proiettore	der Scheinwerfer
l'attrice	die Schauspielerin
l'attore	der Schauspieler
il palcoscenico	die Bühne
gli spettatori	das Publikum
applaudire	klatschen
divertirsi	sich gut unterhalten
Bis!	Zugabe!

36

il balletto

la ballerina

l'opera

il cantante

famoso

entrare in scena

il balletto	das Ballett	**l'opera**	die Oper
il ballerino	der Ballettänzer	**il cantante**	der Sänger
la ballerina	die Ballettänzerin	**la cantante**	die Sängerin
entrare in scena	auftreten	**famoso (a)**	berühmt

il ristorante

il cameriere

il menu

Senza servizio!

il conto

Servizio compreso?

Che desidera?

ordinare

la mancia

servire

il vassoio

l'antipasto

il piatto principale

il dolce

il ristorante	das Restaurant	**il dolce**	die Nachspeise
il cameriere	der Kellner	**il conto**	die Rechnung
il menu	die Speisekarte	**Servizio compreso?**	Ist die Bedienung
Che desidera?	Was hätten Sie gerne?		inbegriffen?
ordinare	bestellen	**Senza servizio!**	Ohne Bedienung!
servire	bedienen	**la mancia**	das Trinkgeld
l'antipasto	die Vorspeise	**il vassoio**	das Tablett
il piatto principale	das Hauptgericht		

37

Im Zoo

lo zoo	der Zoo
l'animale	das Tier
la zebra	das Zebra
la giraffa	die Giraffe
l'orso bianco	der Eisbär
l'elefante	der Elefant
la proboscide	der Rüssel
la zanna	der Stoßzahn
il gorilla	der Gorilla
feroce	wild
docile	zahm
dare da mangiare a	füttern
il guardiano	der Wärter

lo zoo

l'animale

La zebra

la giraffa

l'orso bianco

l'elefante

la proboscide

il gorilla

feroce

docile

La zanna

dare da mangiare a

il guardiano

Im Park

il parco	der Park
lo stagno	der Teich
la barca a remi	das Ruderboot
remare	rudern
il remo	das Ruder
il picnic	das Picknick
la panchina	die Bank
riposarsi	sich ausruhen

il parco

lo stagno

il remo

la barca a remi

remare

la panchina

il picnic

riposarsi

38

il canguro
la scimmia
lo struzzo
il cammello
la gobba

la scimmia	der Affe
il canguro	das Känguruh
lo struzzo	der Strauß
il cammello	das Kamel
la gobba	der Höcker
l'aquila	der Adler
il pinguino	der Pinguin
l'ippopotamo	das Nilpferd
la gabbia	der Käfig
il leone	der Löwe
ruggire	brüllen
la tigre	der Tiger
il serpente	die Schlange

l'aquila
il pinguino
l'ippopotamo

la gabbia
il leone
ruggire
la tigre
il serpente

il guardiano del parco
l'altalena

il guardiano del parco	der Parkwächter
l'altalena	die Schaukel
sorvegliare	aufpassen auf
arrampicarsi	klettern
scavare	graben
lo scivolo	die Rutschbahn
il carosello	das Karussell
tenersi	sich festhalten an

sorvegliare
lo scivolo
arrampicarsi
il carosello
scavare
tenersi

39

In der Stadt

la capitale

il sobborgo

La città

il ponte

il grattaciello

il fiume

il duomo

il quartiere

L'edificio

La chiesa

il cimitero

la capitale	die Hauptstadt
il sobborgo	der Vorort
la città	die Stadt
il duomo	der Dom
il fiume	der Fluß
il ponte	die Brücke
il grattacielo	der Wolkenkratzer
il quartiere	der Stadtteil
l'edificio	das Gebäude
la chiesa	die Kirche
il cimitero	der Friedhof

La stazione dei pompieri

il municipio

il posto di polizia

il palazzo per uffici

la macchina dei pompieri

l'auto della polizia

la fabbrica

la biblioteca

la stazione dei pompieri	die Feuerwehr-wache	il municipio	das Rathaus
la macchina dei pompieri	das Feuerwehrauto	il palazzo per uffici	das Bürogebäude
		il posto di polizia	die Polizeiwache
la fabbrica	die Fabrik	l'auto della polizia	das Polizeiauto
		la biblioteca	die Bücherei

40

il centro	die Innenstadt
la strada	die Straße
stretto (a)	schmal
largo (a)	breit
l'angolo	die Ecke
attraversare la strada	die Straße überqueren
le strisce pedonali	der Zebrastreifen
il pedone	der Fußgänger
la piazza	der Platz
la statua	die Statue
il lampione	die Straßenlaterne
il mercato	der Markt
il sottopassaggio	die Unterführung

il chiosco	der Kiosk
il piccione	die Taube
la folla	die Menge
animato (a)	belebt
il cestino	der Papierkorb
il marciapiede	der Bürgersteig
affrettarsi	sich beeilen
la pubblicità	die Reklame

il centro

la strada

largo

stretto

l'angolo

attraversare la strada

le strisce pedonali

il pedone

la piazza

il mercato

la statua

il lampione

il sottopassaggio

il chiosco

il piccione

la folla

animato

la pubblicità

il cestino

il marciapiede

affrettarsi

41

Einkaufen

fare una lista

la borsa della spesa

fare una lista   eine Liste machen
la borsa della spesa   die Einkaufstasche

i negozi

fare la spesa

la salumeria

la panetteria

il macellaio

il negozio di alimentari

la pescheria

la merceria

la pasticceria

la farmacia

la libreria

il negozio di fiori

il negozio di dischi

il parrucchiere

il negozio di mode

i negozi	die Geschäfte	**la farmacia**	die Apotheke
fare la spesa	einkaufen gehen	**la libreria**	die Buchhandlung
il macellaio	der Metzger	**la merceria**	das Kurzwarengeschäft
la salumeria	das Feinkostgeschäft	**il negozio di fiori**	das Blumengeschäft
il negozio di alimentari	das Lebensmittelgeschäft	**il parrucchiere**	der Friseur
la panetteria	die Bäckerei	**il negozio di dischi**	das Schallplattengeschäft
la pasticceria	die Konditorei		
la pescheria	das Fischgeschäft	**il negozio di mode**	das Modegeschäft

42

fare la spesa al mercato

il banco di vendita

fare la coda

Un chilo di...

Fa...

Un mezzo chilo di...

Quanto fa?

pesare

fare la spesa al mercato	auf dem Markt einkaufen
il banco di vendita	der Marktstand
fare la coda	anstehen

Quanto fa?	Wieviel macht das?
Fa ...	Das macht ...
pesare	wiegen
Un chilo di ...	Ein Kilo ...
Un mezzo chilo di ...	Ein Pfund ...

andare al supermercato

l'altoparlante

il cestino

lo scaffale

la scatola

il corridoio

il pacchetto

il carrello

la bottiglia

l'ingresso

l'uscita

La cassa

il sacchetto

la cassiera

andare al supermercato	zum Supermarkt gehen
il cestino	der Einkaufskorb
il carrello	der Einkaufswagen
l'altoparlante	der Lautsprecher
lo scaffale	das Regal
il corridoio	der Gang
la scatola di conserva	die Dose
il pacchetto	das Päckchen
la bottiglia	die Flasche
l'ingresso	der Eingang
l'uscita	der Ausgang
la cassa	die Kasse
il sacchetto	die Tragetasche
la cassiera	die Kassiererin

43

Einkaufen

fare un giro per vedere le vetrine

La cliente

la vetrina

comprare

È a buon mercato.

È caro.

La commessa

vendere

SVENDITA

l'offerta speciale

Che taglia è?

Che cosa desidera?

spendere soldi

piccolo

il prezzo

medio

Vorrei...

grande

Quanto costa...?

lo scontrino

Costa...

spendere soldi	Geld ausgeben	Che cosa desidera?	Womit kann ich dienen?
il prezzo	der Preis		
lo scontrino	die Quittung	Vorrei ...	Ich hätte gerne ...
piccolo (a)	klein	Che taglia è?	Welche Größe ist das?
medio (a)	mittel	Quanto costa ...?	Wieviel kostet ...?
grande	groß	Costa ...	Das/Es kostet ...

la cartoleria-libreria	die Buch- und Schreib-warenhandlung	la cartolina	die Postkarte
il libro	das Buch	la biro	der Kuli
il libro tascabile	das Taschenbuch	la matita	der Bleistift
la busta	der Briefumschlag	la carta da lettere	das Briefpapier

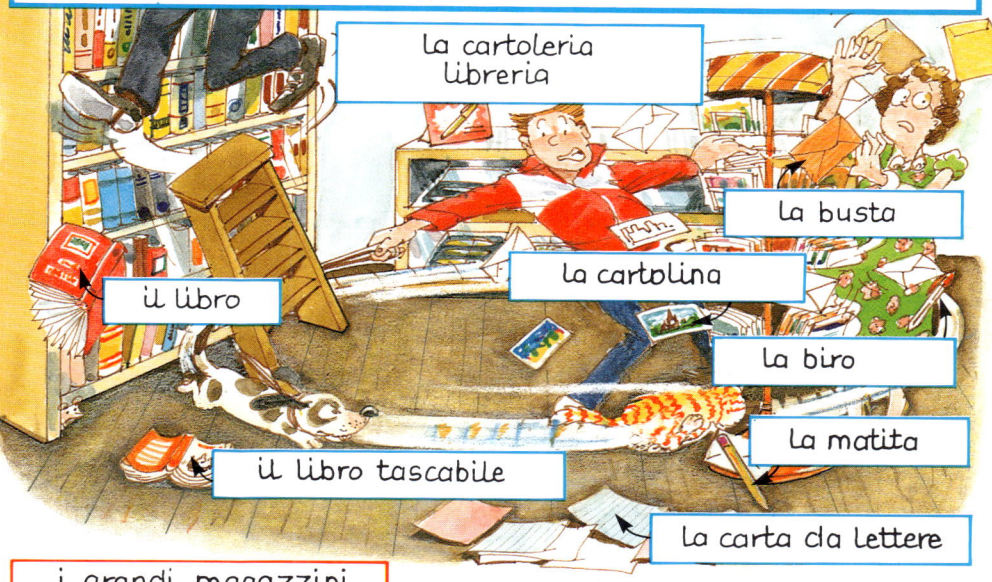

La cartoleria libreria

La busta

La cartolina

il libro

La biro

La matita

il libro tascabile

La carta da lettere

i grandi magazzini

il reparto

l'ascensore

la scala mobile

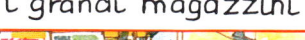

giocattoli

articoli sportivi

mobili

abbigliamento

i grandi magazzini	das Kaufhaus	giocattoli	Spielwaren
il reparto	die Abteilung	mobili	Möbel
la scala mobile	die Rolltreppe	articoli sportivi	Sportartikel
l'ascensore	der Aufzug	abbigliamento	Oberbekleidung

Post und Bank

Italiano	Deutsch	Italiano	Deutsch
l'ufficio postale	das Postamt	il telegramma	das Telegramm
la buca delle lettere	der Briefkasten	il modulo	das Formular
imbucare	einwerfen	il francobollo	die Briefmarke
la lettera	der Brief	posta aerea	Luftpost
il pacco	das Paket	l'indirizzo	die Adresse
la levata delle lettere	die Briefkastenleerung	il codice di avviamento postale (C.A.P.)	die Postleitzahl (PLZ)
mandare	schicken		

l'ufficio postale

mandare

il telegramma

la buca delle lettere

imbucare

il modulo

la lettera

il pacco

il francobollo

la levata delle lettere

posta aerea

il C.A.P.

l'indirizzo

il portalettere

la posta

distribuire

il portalettere	der Briefträger
la posta	die Post
distribuire	zustellen

la banca

il cassiere

il denaro

Ha spiccioli?

cambiare denaro

la moneta

il corso dei cambi

la banconota

il direttore della banca

la carta di credito

fare un versamento alla cassa

ritirare denaro

il portafoglio

il libretto degli assegni

emettere un assegno

il borsellino

la borsa

la banca	die Bank	la carta di credito	die Kreditkarte
il denaro	das Geld	fare un versamento	Geld einzahlen
cambiare denaro	Geld wechseln	alla cassa	
il corso dei cambi	der Wechselkurs	ritirare denaro	Geld abheben
il direttore della	der Geschäfts-	il libretto degli	das Scheckheft
banca	führer der Bank	assegni	
il cassiere	der Kassierer	emettere un assegno	einen Scheck ausstellen
Ha spiccioli?	Haben Sie Kleingeld?	il portafoglio	die Brieftasche
la moneta	die Münze	il borsellino	der Geldbeutel
la banconota	der Geldschein	la borsa	die Handtasche

Telefonieren

telefonare

il telefono

il ricevitore

squillare

rispondere al telefono

Pronto

Chi parla?

Sono Carla.

staccare il ricevitore

comporre il numero

Ti richiamo più tardi.

il prefisso

il numero di telefono

A risentirci!

l'elenco telefonico

riattacare

telefonare	telefonieren	**rispondere al**	einen Telefonanruf
il telefono	das Telefon	**telefono**	beantworten
il ricevitore	der Telefonhörer	**Pronto!**	Hallo!
staccare il ricevitore	den Telefonhörer	**Chi parla?**	Wer spricht?
	abnehmen	**Sono Carla.**	Hier ist Carla.
comporre il numero	die Nummer wählen	**Ti richiamo più**	Ich rufe dich
il numero di telefono	die Telefonnummer	**tardi.**	später zurück.
il prefisso	die Vorwahl	**A risentirci!**	Auf Wiederhören!
l'elenco telefonico	das Telefonbuch	**riattaccare**	auflegen
squillare	klingeln, läuten		

la cabina telefonica

il caso urgente

la chiamata d'emergenza

la cabina telefonica	die Telefonzelle
il caso urgente	der Notfall
la chiamata	der Notruf
d'emergenza	

Briefe

scrivere una lettera

> Egregi Signori,
> Vi ringrazio della Vostra lettera del...
> In allegato trovate...
> ... a giro di posta.
> Con i migliori saluti...
>
> 12 Marzo 1989

scrivere una lettera	einen Brief schreiben	**a giro di posta**	postwendend
Egregi Signori,	Sehr geehrte Damen und Herren,	**In allegato trovate ...**	Beigefügt finden Sie ...
Vi ringrazio della Vostra lettera del ...	Vielen Dank für Ihren Brief vom ...	**Con i migliori saluti ...**	Mit freundlichen Grüßen ...

aprire una lettera

> Cara Carla,
> La tua lettera mi ha fatto molto piacere. Con plico separato ricevi...
> Tanti auguri...
>
> 9 Gennaio 1999

aprire una lettera	einen Brief öffnen	**La tua lettera mi ha fatto molto piacere.**	Dein Brief hat mich sehr gefreut.
Cara Carla,	Liebe Carla,	**Tanti auguri ...**	Alles Gute ...
Con plico separato ricevi ...	Mit getrennter Post erhältst Du ...		

mandare una cartolina postale   **mandare un telegramma**

> È molto bello qui.
> Peccato che tu non sia qui.

> Urgente stop
> chiamare subito a
> casa stop

mandare una cartolina postale	eine Postkarte schicken	**mandare un telegramma**	ein Telegramm schicken
È molto bello qui.	Es ist ganz toll hier.	**Urgente stop chiamare subito a casa stop**	Dringend stop sofort zu Hause anrufen stop
Peccato che tu non sia qui.	Schade, daß Du nicht hier bist.		

49

Unterwegs

camminare

correre

In quale direzione è...?

l'indicatore stradale

domandare la strada

la carta

Quanto è distante...?

la carrozzina

camminare	gehen	domandare la strada	nach dem Weg fragen
correre	laufen	la carta geografica	die Landkarte
la carrozzina	der Kinderwagen	l'indicatore stradale	der Wegweiser
In quale direzione è ...?	In welcher Richtung ist ...?	Quanto è distante ...?	Wie weit ist es nach ...?

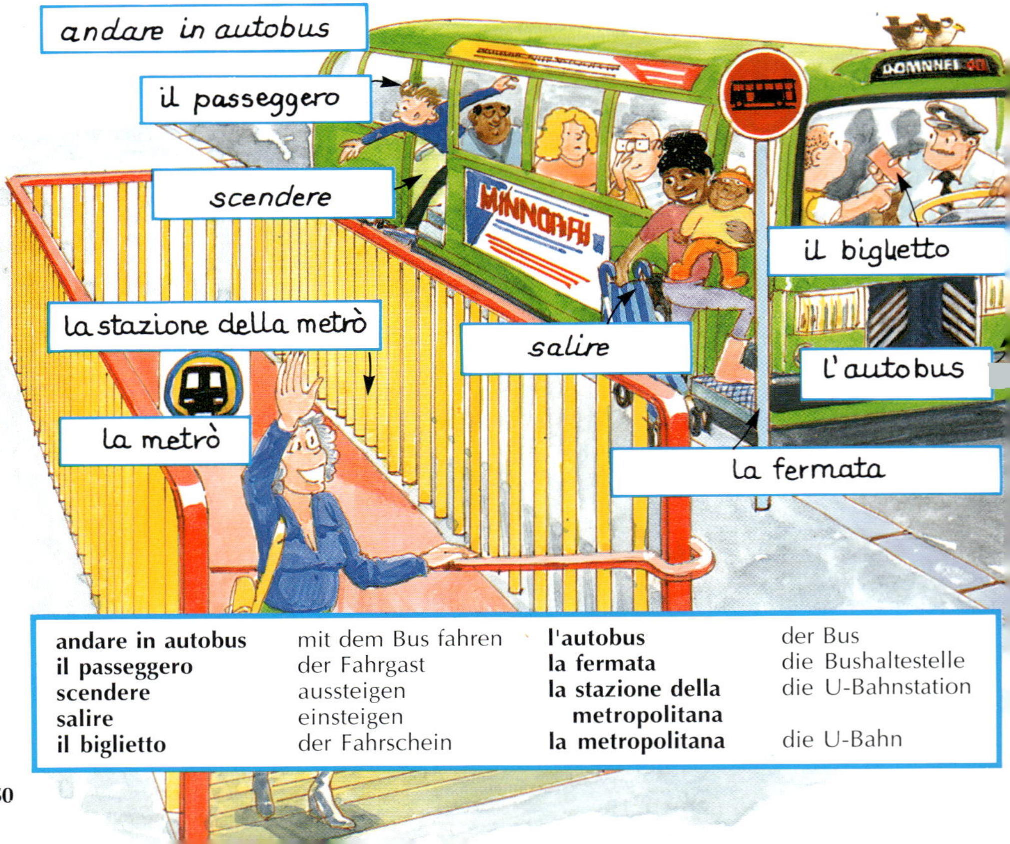

andare in autobus

il passeggero

scendere

il biglietto

la stazione della metrò

salire

l'autobus

la metrò

la fermata

andare in autobus	mit dem Bus fahren	l'autobus	der Bus
il passeggero	der Fahrgast	la fermata	die Bushaltestelle
scendere	aussteigen	la stazione della metropolitana	die U-Bahnstation
salire	einsteigen		
il biglietto	der Fahrschein	la metropolitana	die U-Bahn

il traffico

l'autocarro

il furgone

il pullman

l'autista

guidare

l'automobile

il ciclomotore

la bicicletta

andare in bicicletta

piano

la motocicletta

veloce

l'ingorgo

il traffico	der Verkehr	**il ciclomotore**	das Moped
l'autocarro	der Lastwagen	**la bicicletta**	das Fahrrad
il furgone	der Lieferwagen	**andare in bicicletta**	Fahrrad fahren
il pullman	der Reisebus	**piano**	langsam
l'autista	der Fahrer	**veloce**	schnell
guidare	fahren, lenken	**la motocicletta**	das Motorrad
l'automobile	das Auto	**l'ingorgo**	der Stau

il posteggio di tassì

il tassì

chiamare un tassì

il prezzo della corsa

il posteggio di tassì	der Taxistand
il tassì	das Taxi
chiamare un tassì	ein Taxi rufen
il prezzo della corsa	der Fahrpreis

51

Auto fahren

mettersi in moto

sorpassare

l' autostrada

il semaforo

la strada principale

frenare

accelerare

voltare a sinistra

voltare a destra

continuare diritto

la strada laterale

la strada a senso unico

divieto di transito

mettersi in moto	losfahren
accelerare	beschleunigen
sorpassare	überholen
frenare	bremsen
l'autostrada	die Autobahn
il semaforo	die Ampel
la strada principale	die Hauptstraße
voltare a sinistra	links abbiegen
voltare a destra	rechts abbiegen
continuare diritto	geradeaus weiterfahren
la strada laterale	die Seitenstraße
divieto di transito	Einfahrt verboten
la strada a senso unico	die Einbahnstraße

il parcheggio

parcheggiare

fare marcia indietro

fare marcia avanti

Divieto di sosta!

Divieto di sosta!	Parken verboten!
il parcheggio	der Parkplatz
parcheggiare	parken
fare marcia indietro	rückwärts
fare marcia avanti	vorwärts

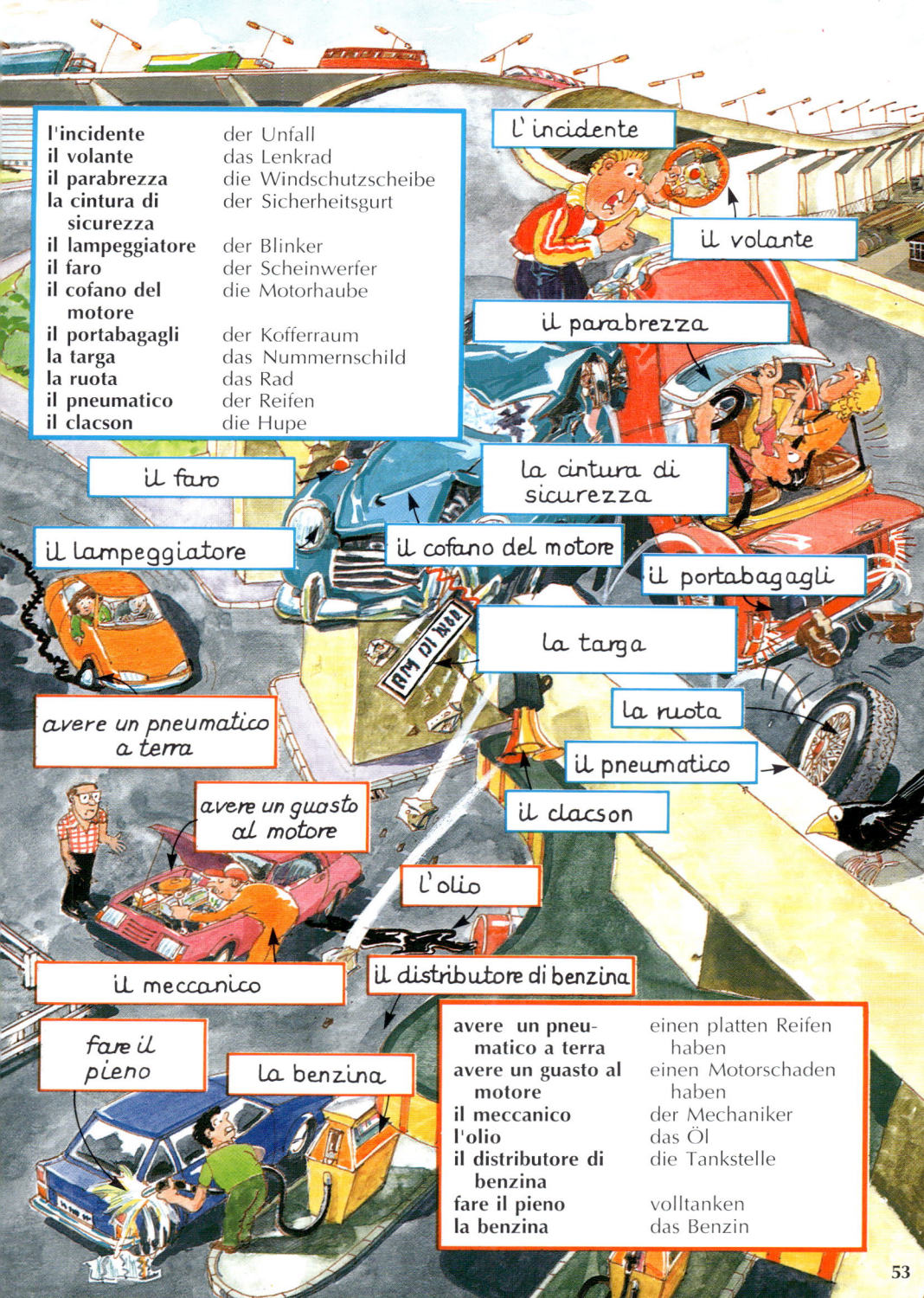

l'incidente

il volante

il parabrezza

la cintura di sicurezza

il cofano del motore

il portabagagli

la targa

la ruota

il pneumatico

il clacson

l'olio

il faro

il lampeggiatore

avere un pneumatico a terra

avere un guasto al motore

il meccanico

il distributore di benzina

fare il pieno

la benzina

l'incidente	der Unfall
il volante	das Lenkrad
il parabrezza	die Windschutzscheibe
la cintura di sicurezza	der Sicherheitsgurt
il lampeggiatore	der Blinker
il faro	der Scheinwerfer
il cofano del motore	die Motorhaube
il portabagagli	der Kofferraum
la targa	das Nummernschild
la ruota	das Rad
il pneumatico	der Reifen
il clacson	die Hupe

avere un pneumatico a terra	einen platten Reifen haben
avere un guasto al motore	einen Motorschaden haben
il meccanico	der Mechaniker
l'olio	das Öl
il distributore di benzina	die Tankstelle
fare il pieno	volltanken
la benzina	das Benzin

53

Eisenbahn fahren

la stazione

il deposito bagagli

il facchino

il controllore

la sala d' aspetto

la sbarra

il viaggiatore

l' orario

il treno per...

la biglietteria

il biglietto

il treno da...

il biglietto di ritorno

l' abbonamento

il distributore automatico...

...di biglietti

prenotare un posto

la stazione	der Bahnhof	**il treno da...**	der Zug aus ...
il facchino	der Gepäckträger	**la biglietteria**	der Fahrkartenschalter
il deposito bagagli	die Gepäckauf-	**il biglietto**	die Fahrkarte
	bewahrung	**il biglietto di ritorno**	die Rückfahrkarte
il controllore	der Kontrolleur	**l'abbonamento**	die Zeitkarte
la sala d'aspetto	der Wartesaal	**il distributore auto-**	der Fahrkartenautomat
la sbarra	die Sperre	**matico di biglietti**	
il viaggiatore	der Reisende	**il biglietto d'ingresso**	die Bahnsteigkarte
l'orario ferroviario	der Fahrplan	**prenotare un posto**	einen Platz
il treno per...	der Zug nach...		reservieren

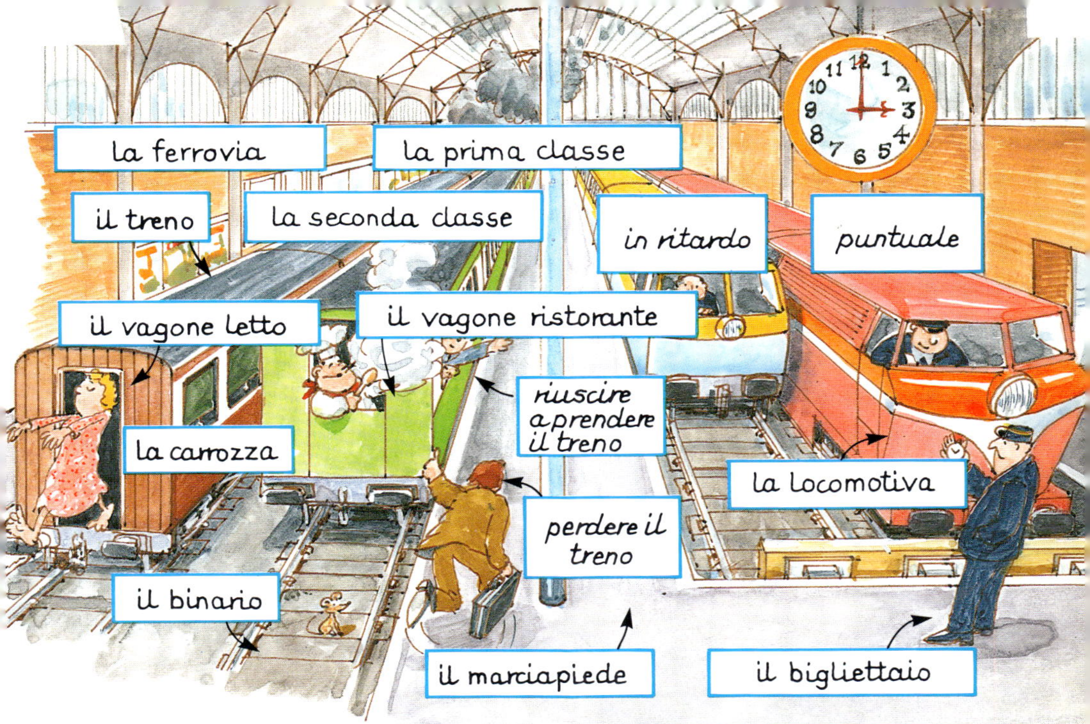

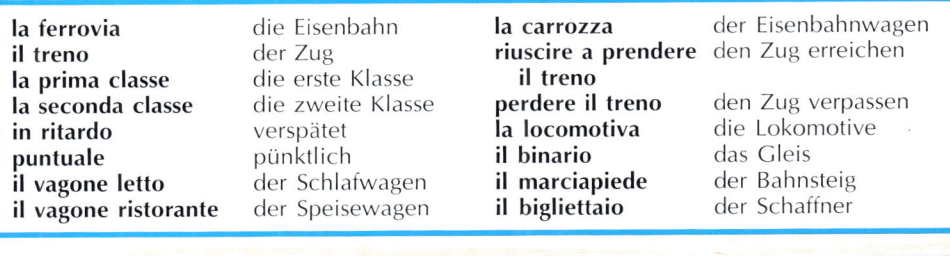

la ferrovia

la prima classe

il treno

la seconda classe

in ritardo

puntuale

il vagone letto

il vagone ristorante

riuscire a prendere il treno

la carrozza

perdere il treno

la locomotiva

il binario

il marciapiede

il bigliettaio

la ferrovia	die Eisenbahn	la carrozza	der Eisenbahnwagen
il treno	der Zug	riuscire a prendere il treno	den Zug erreichen
la prima classe	die erste Klasse		
la seconda classe	die zweite Klasse	perdere il treno	den Zug verpassen
in ritardo	verspätet	la locomotiva	die Lokomotive
puntuale	pünktlich	il binario	das Gleis
il vagone letto	der Schlafwagen	il marciapiede	der Bahnsteig
il vagone ristorante	der Speisewagen	il bigliettaio	der Schaffner

il treno rapido

il treno merci

il posto

il posto prenotato

la rete portabagagli

non fumatori

il treno rapido	der Schnellzug
il treno merci	der Güterzug
il posto	der Platz
il posto prenotato	der reservierte Platz
la rete portabagagli	das Gepäcknetz
non fumatori	Nichtraucher

Reisen mit Flugzeug und Schiff

l'aeroporto

l'aereo

ARRIVI

la pista

andare in aereo

atterrare

decollare

la dogana

il doganiere

Niente da dichiarare.

il passaporto

l'aeroporto	der Flughafen
l'aereo	das Flugzeug
andare in aereo	fliegen
Arrivi	Ankunft
la pista	die Rollbahn
atterrare	landen
decollare	starten

la dogana	der Zoll
il doganiere	der Zollbeamte
Niente da dichiarare.	Nichts zu verzollen.
il passaporto	der Paß

il porto

andare in nave

la nave

la nave passeggeri

il fumaiolo

la bandiera

la cabina

il capitano

l'oblò

la coperta

l'ancora

il pontile di approdo

il porto	der Hafen
andare in nave	mit dem Schiff fahren
la nave	das Schiff
la nave passeggeri	das Passagierschiff
la bandiera	die Flagge
l'oblò	das Bullauge

l'ancora	der Anker
la cabina	die Kabine
la coperta	das Deck
il fumaiolo	der Schornstein
il capitano	der Kapitän
il pontile di approdo	die Gangway

Partenze	Abflug
il duty free shop	der Duty-free-Shop
il check-in	der Check-in
il biglietto	der Flugschein
l'etichetta	der Anhänger
il bagagliaio	der Gepäckwagen
il pilota	der Pilot

l'equipaggio	die Besatzung
la hostess	die Stewardeß
imbarcarsi	einsteigen
la valigia	der Koffer
il bagaglio a mano	das Handgepäck
Vi prego di allacciare le cinture.	Bitte anschnallen.

PARTENZE

il duty free shop

il check-in

il biglietto

l'etichetta

il bagagliaio

la valigia

Vi prego di allacciare le cinture.

il pilota

l'equipaggio

la hostess

imbarcarsi

il bagaglio a mano

il traghetto

la traversata

soffrire di mal di mare

il bacino

il carico

caricare

scaricare

la stiva

il marinaio

il traghetto	die Fähre
la traversata	die Überfahrt
soffrire di mal di mare	seekrank sein
il bacino	das Dock
il carico	die Ladung
caricare	laden
scaricare	entladen
la stiva	der Laderaum
il marinaio	der Seemann

Ferien

andare in vacanza

fare le valigie

la turista

andare in vacanza	in Urlaub fahren
fare le valigie	den Koffer packen
l'abbronzante	das Sonnenöl
gli occhiali da sole	die Sonnenbrille
la turista	die Touristin
visitare qualcosa	etwas besichtigen

l'abbronzante

gli occhiali da sole

visitare qualcosa

stare in albergo

l'albergo

la réception

il facchino

con doccia

la camera singola

con balcone

la camera a due letti

prenotare una camera

la pensione

completo

l'albergo	das Hotel	**prenotare una camera**	ein Zimmer
stare in albergo	im Hotel wohnen		bestellen
la réception	der Empfang	**completo (a)**	belegt
il facchino	der Gepäckträger	**con doccia**	mit Dusche
la camera a due letti	das Doppelzimmer	**con balcone**	mit Balkon
la camera singola	das Einzelzimmer	**la pensione**	die Pension

al mare

il gabbiano

l' onda

il motoscafo

il bagnino

praticare lo
sci nautico

praticare
il windsurf

al mare	am Meer
il gabbiano	die Möwe
il bagnino	der Bademeister
l'onda	die Welle
il motoscafo	das Motorboot
praticare lo sci nautico	Wasserski fahren
praticare il windsurf	windsurfen
andare in acqua	ins Wasser gehen
guazzare	planschen
il mare	das Meer
la sabbia	der Sand
la spiaggia	der Strand

andare in acqua

guazzare

il mare

la sabbia

la spiaggia

prendere il sole

abbronzato

l' ombrellone

prendere il sole	sonnenbaden
abbronzato (a)	gebräunt
l'ombrellone	der Sonnenschirm
il castello di sabbia	die Sandburg
il secchiello	das Sandeimerchen
la pala	die Schaufel

il castello
di sabbia

il secchiello

lo scoglio

la pala

l' alga marina

il gambero

la conchiglia

lo scoglio	der Felsen
l'alga marina	der Seetang
il gambero	der Krebs
la conchiglia	die Muschel

Ferien

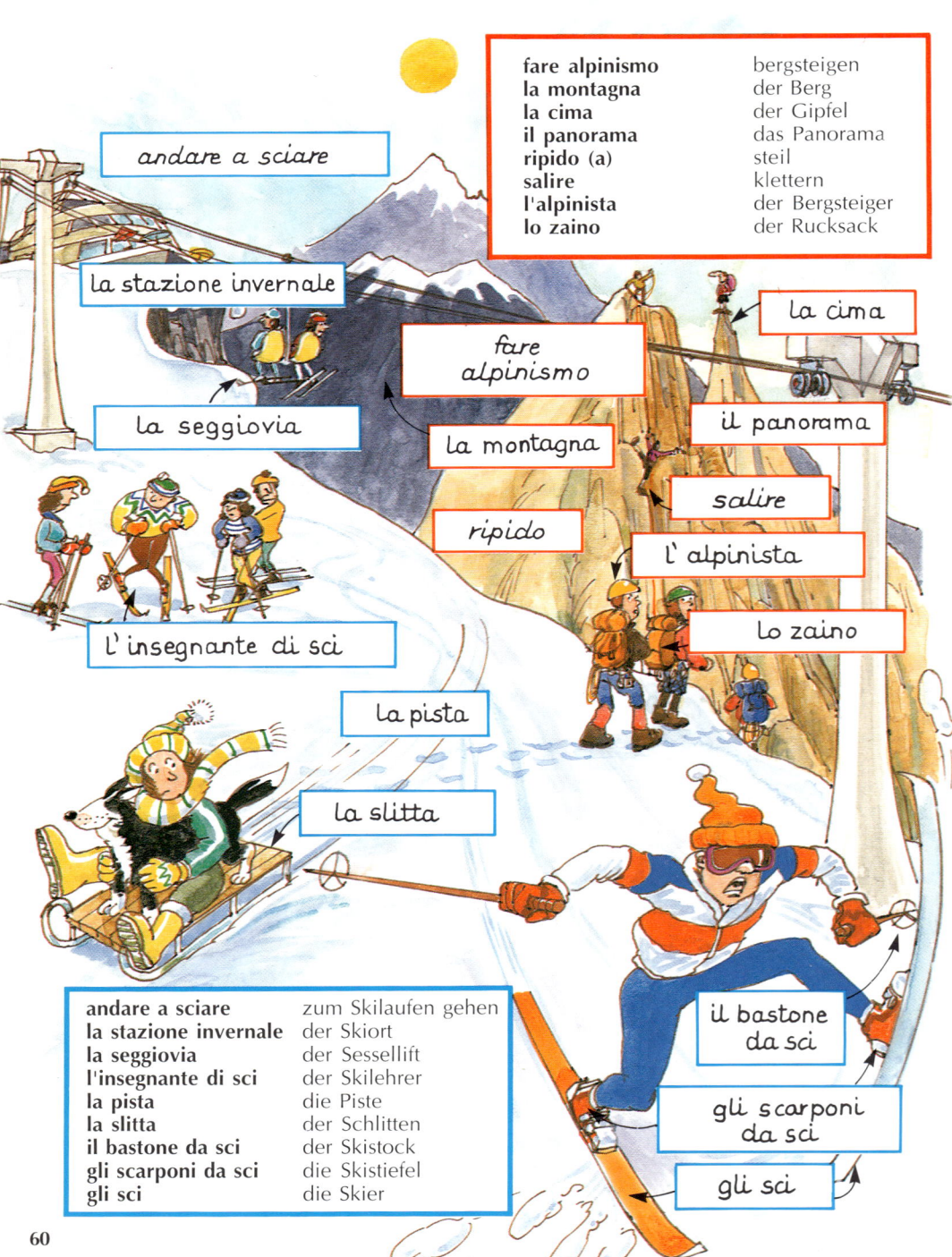

andare a sciare

la stazione invernale

la seggiovia

l'insegnante di sci

fare alpinismo	bergsteigen
la montagna	der Berg
la cima	der Gipfel
il panorama	das Panorama
ripido (a)	steil
salire	klettern
l'alpinista	der Bergsteiger
lo zaino	der Rucksack

la cima

fare alpinismo

la montagna

il panorama

salire

ripido

l'alpinista

lo zaino

la pista

la slitta

il bastone da sci

gli scarponi da sci

gli sci

andare a sciare	zum Skilaufen gehen
la stazione invernale	der Skiort
la seggiovia	der Sessellift
l'insegnante di sci	der Skilehrer
la pista	die Piste
la slitta	der Schlitten
il bastone da sci	der Skistock
gli scarponi da sci	die Skistiefel
gli sci	die Skier

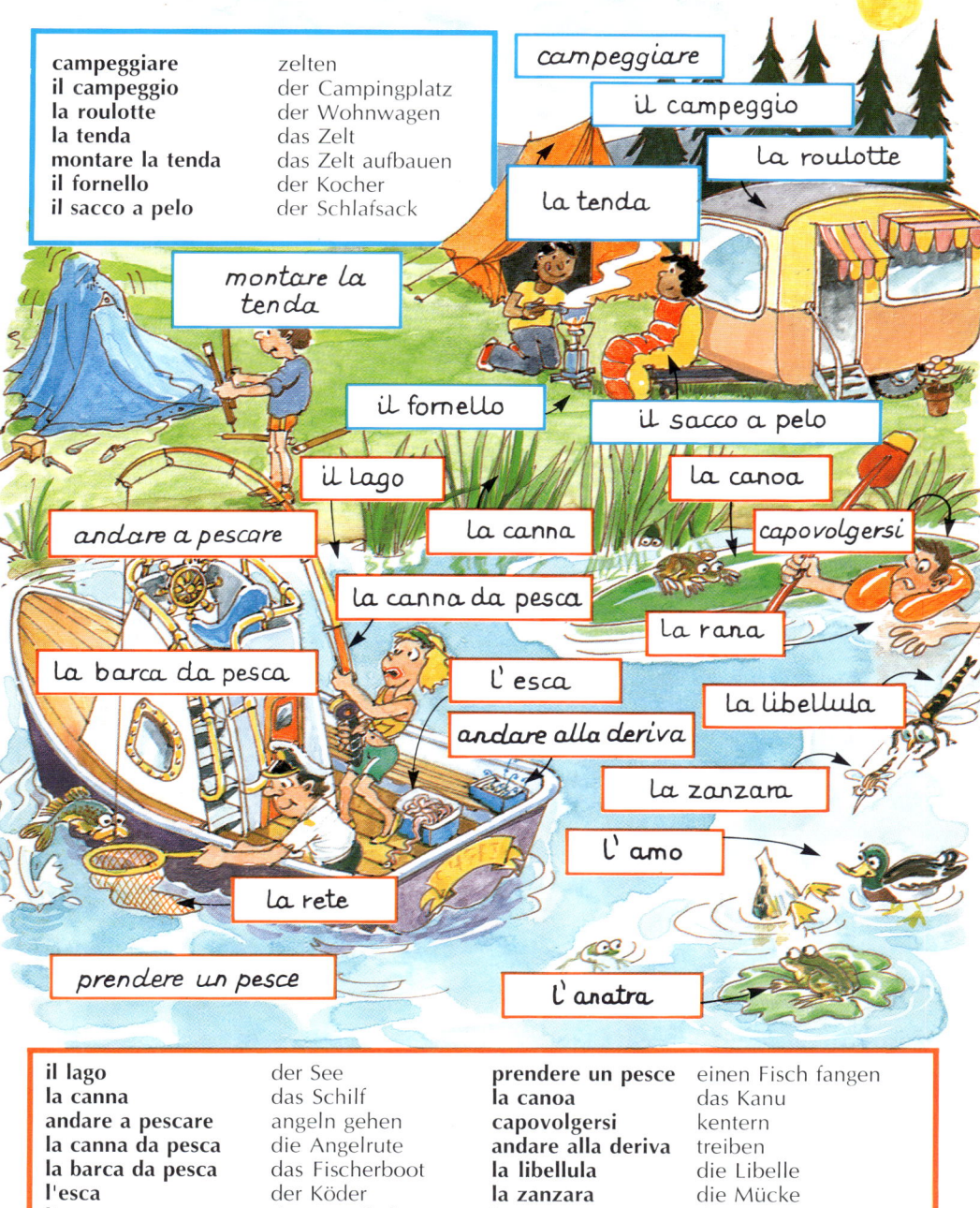

campeggiare — zelten
il campeggio — der Campingplatz
la roulotte — der Wohnwagen
la tenda — das Zelt
montare la tenda — das Zelt aufbauen
il fornello — der Kocher
il sacco a pelo — der Schlafsack

campeggiare

il campeggio

la roulotte

la tenda

montare la tenda

il fornello

il sacco a pelo

il lago

la canoa

andare a pescare

la canna

capovolgersi

la canna da pesca

la rana

la barca da pesca

l'esca

la libellula

andare alla deriva

la zanzara

l'amo

la rete

prendere un pesce

l'anatra

il lago — der See
la canna — das Schilf
andare a pescare — angeln gehen
la canna da pesca — die Angelrute
la barca da pesca — das Fischerboot
l'esca — der Köder
l'amo — der Angelhaken
la rete — das Netz

prendere un pesce — einen Fisch fangen
la canoa — das Kanu
capovolgersi — kentern
andare alla deriva — treiben
la libellula — die Libelle
la zanzara — die Mücke
l'anatra — die Ente
la rana — der Frosch

Auf dem Land

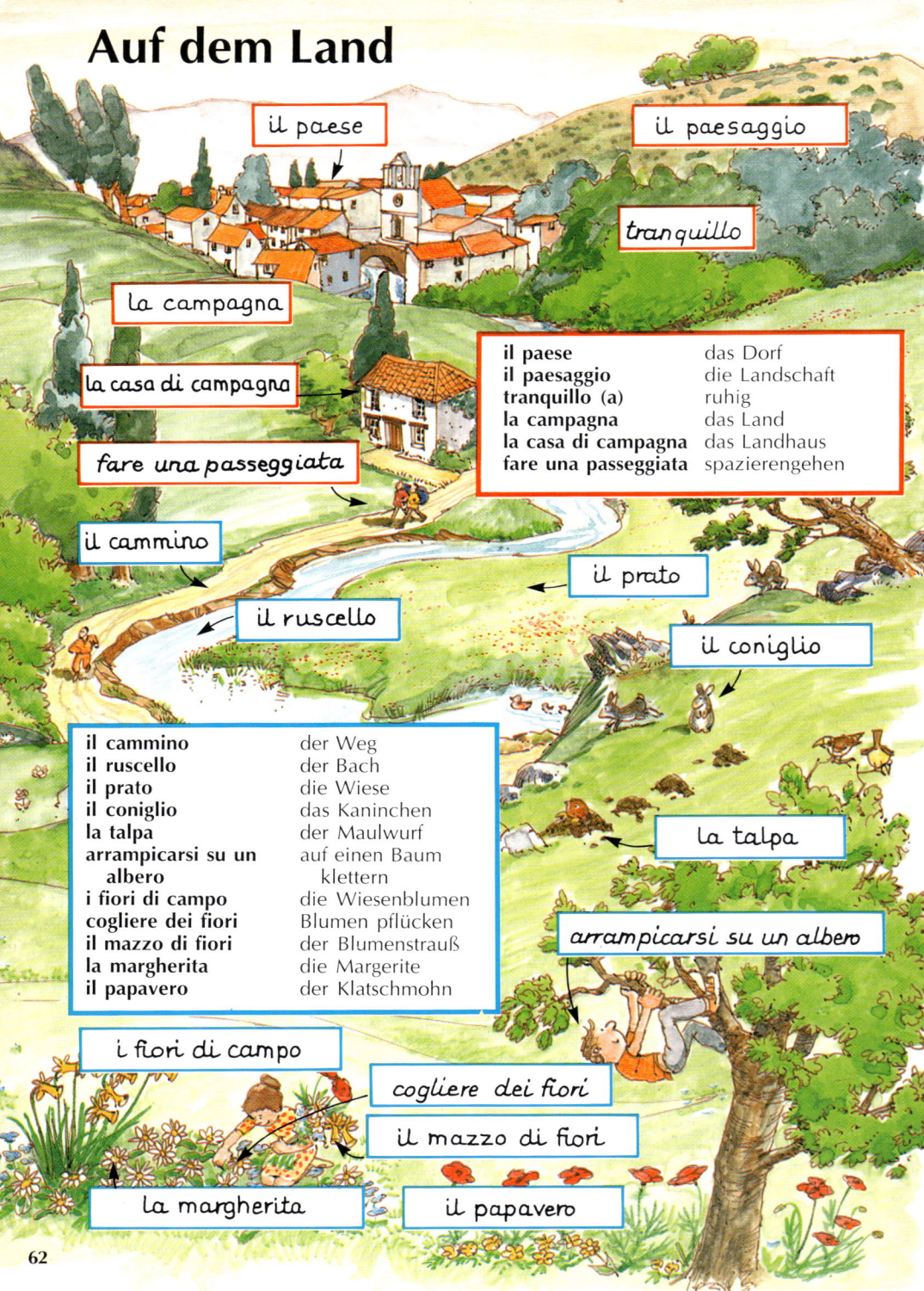

il paese

il paesaggio

tranquillo

la campagna

la casa di campagna

fare una passeggiata

il paese	das Dorf
il paesaggio	die Landschaft
tranquillo (a)	ruhig
la campagna	das Land
la casa di campagna	das Landhaus
fare una passeggiata	spazierengehen

il cammino

il prato

il ruscello

il coniglio

il cammino	der Weg
il ruscello	der Bach
il prato	die Wiese
il coniglio	das Kaninchen
la talpa	der Maulwurf
arrampicarsi su un albero	auf einen Baum klettern
i fiori di campo	die Wiesenblumen
cogliere dei fiori	Blumen pflücken
il mazzo di fiori	der Blumenstrauß
la margherita	die Margerite
il papavero	der Klatschmohn

la talpa

arrampicarsi su un albero

i fiori di campo

cogliere dei fiori

il mazzo di fiori

la margherita

il papavero

62

il bosco

la quercia

l' abete

la foglia

il ramo

la civetta

il bosco	der Wald
la quercia	die Eiche
l'abete	die Tanne
la foglia	das Blatt
il ramo	der Ast
la civetta	die Eule
il merlo	die Amsel
lo scoiattolo	das Eichhörnchen
il tordo	die Drossel
la volpe	der Fuchs
volare	fliegen
il passero	der Spatz

volare

il passero

il tordo

il merlo

lo scoiattolo

la volpe

la valle	das Tal
la collina	der Hügel
il ponte	die Brücke
il pendio	der Hang
il salice	die Weide
la riva	das Ufer
il fiume	der Fluß
la mosca	die Fliege
il ragno	die Spinne
il moscerino	die Mücke

la valle

la collina

il ponte

il pendio

il salice

la riva

il fiume

il ragno

la mosca

il moscerino

63

Auf dem Bauernhof

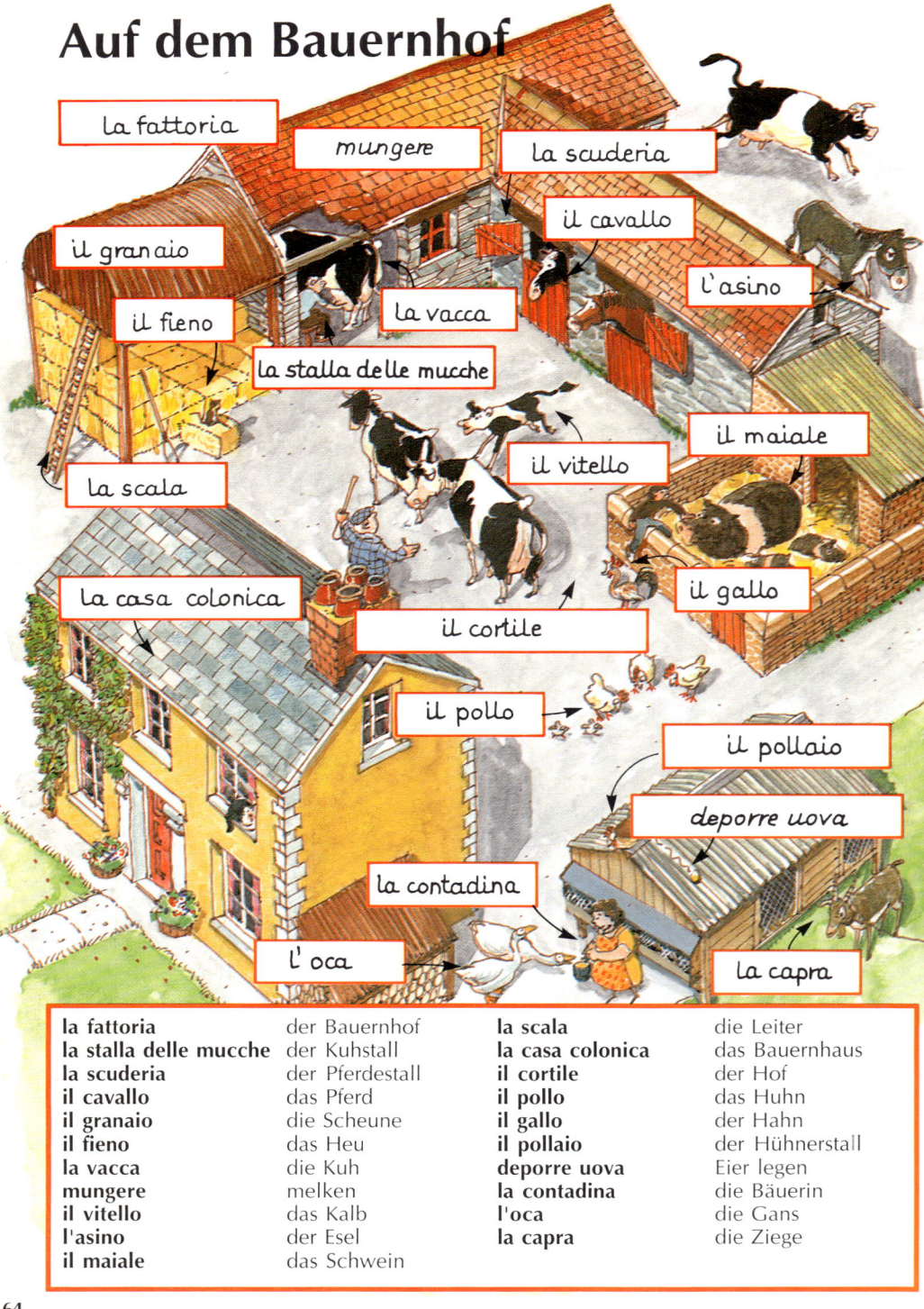

la fattoria

mungere

la scuderia

il cavallo

l'asino

il granaio

il fieno

la vacca

la stalla delle mucche

il maiale

il vitello

la scala

il gallo

la casa colonica

il cortile

il pollo

il pollaio

deporre uova

la contadina

l'oca

la capra

la fattoria	der Bauernhof	**la scala**	die Leiter
la stalla delle mucche	der Kuhstall	**la casa colonica**	das Bauernhaus
la scuderia	der Pferdestall	**il cortile**	der Hof
il cavallo	das Pferd	**il pollo**	das Huhn
il granaio	die Scheune	**il gallo**	der Hahn
il fieno	das Heu	**il pollaio**	der Hühnerstall
la vacca	die Kuh	**deporre uova**	Eier legen
mungere	melken	**la contadina**	die Bäuerin
il vitello	das Kalb	**l'oca**	die Gans
l'asino	der Esel	**la capra**	die Ziege
il maiale	das Schwein		

il campo

il gregge

la pecora

l'agnello

il recinto

il cane pastore

il contadino

il campo	das Feld
il gregge	die Herde
la pecora	das Schaf
l'agnello	das Lamm
il contadino	der Bauer
il recinto	das Gatter
il cane pastore	der Schäferhund

il vigneto	der Weinberg
la vite	die Weinrebe
raccogliere	ernten
il pagliaio	der Strohhaufen
il grano	das Getreide
seminare	säen

il vigneto

la vite

il frutteto

raccogliere

il melo

il pagliaio

raccogliere

il grano

seminare

il trattore

arare

lo spaventapasseri

il frutteto	der Obstgarten
il melo	der Apfelbaum
raccogliere	pflücken
il trattore	der Traktor
arare	pflügen
lo spaventapasseri	die Vogelscheuche

Bei der Arbeit

arrivare in ritardo

lo straordinario

andare al lavoro

essere puntuale

la pausa per il pranzo

andare al lavoro	zur Arbeit gehen	**la pausa per il pranzo**	die Mittagspause
arrivare in ritardo	zu spät kommen	**lo straordinario**	Überstunden
essere puntuale	pünktlich sein		

l' ufficio

impiegare qualcuno

diligente

andare in pensione

la padrona

la segretaria

pigro

l' impiegato

licenziare qualcuno

l'ufficio	das Büro	**diligente**	fleißig
la padrona	die Chefin	**pigro (a)**	faul
la segretaria	die Sekretärin	**andare in pensione**	in Rente gehen
impiegare qualcuno	jemanden einstellen	**licenziare qualcuno**	jemanden entlassen
l'impiegato	der Angestellte		

la professione

l' idraulico

il muratore

l' architetto

la professione	der Beruf
il muratore	der Maurer
l'idraulico	der Klempner
l'architetto	der Architekt

il giudice — der Richter
l'avvocatessa — die Rechtsanwältin
la giornalista — die Journalistin
il poliziotto — der Polizist

la giornalista

il poliziotto

il giudice

l'avvocatessa

il parrocco

la negoziante

il parrocco — der Pfarrer
il fotografo — der Fotograf
la negoziante — die Ladenbesitzerin
il rappresentante di commercio — der Handelsvertreter

il rappresentante di commercio

il fotografo

la disegnatrice

il soldato

il parrucchiere

il marinaio — der Seemann
il soldato — der Soldat
la disegnatrice — die Zeichnerin
il parrucchiere — der Friseur
la modella — das Fotomodell

la modella

il marinaio

lo spazzino

il tassista

il pilota

La hostess

il camionista

il pompiere

lo spazzino — der Müllmann
il tassista — der Taxifahrer
il camionista — der Lastwagenfahrer
il pompiere — der Feuerwehrmann
il pilota — der Pilot
la hostess — die Stewardeß

Krankheit und Gesundheit

sentirsi male
misurare la temperatura
il termometro
avere la febbre
la dottoressa
la ricetta
guarire
la pillola
sentirsi meglio
sano

sentirsi male	sich schlecht, krank fühlen	la dottoressa	die Ärztin
misurare la temperatura	Fieber messen	la ricetta	das Rezept
		guarire	heilen
il termometro	das Thermometer	la pillola	die Tablette
avere la febbre	Fieber haben	sentirsi meglio	sich besser fühlen
		sano (a)	gesund

avere un raffreddore
starnutire
svenire
aver mal di stomaco
vomitare
aver mal di testa

avere un raffreddore	erkältet sein
starnutire	niesen
svenire	in Ohnmacht fallen
aver mal di stomaco	Magenschmerzen haben
vomitare	sich erbrechen
aver mal di testa	Kopfschmerzen haben

il dentista
farsi otturare un dente
l'iniezione
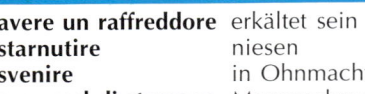
aver mal di denti

il dentista	der Zahnarzt
farsi otturare un dente	sich einen Zahn plombieren lassen
l'iniezione	die Spritze
aver mal di denti	Zahnschmerzen haben

l'ospedale
la stazione di pronto soccorso
il livido
rompersi la gamba
l'ustione
la ferita da taglio
slogarsi la mano
il cerotto
la fasciatura

l'ospedale	das Krankenhaus	l'ustione	die Verbrennung
la stazione di pronto soccorso	die Unfallstation	slogarsi la mano	sich die Hand verstauchen
rompersi la gamba	sich das Bein brechen	il cerotto	das Heftpflaster
il livido	der blaue Fleck	la fasciatura	der Verband
la ferita da taglio	die Schnittwunde		

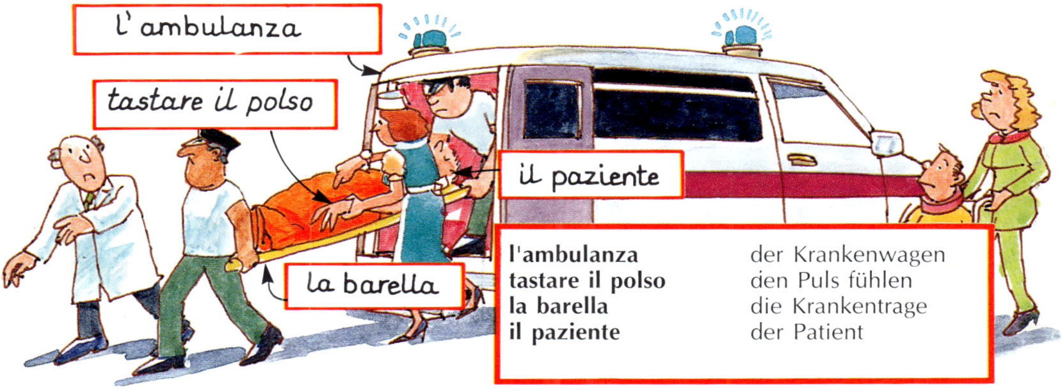

l'ambulanza
tastare il polso
il paziente
la barella

l'ambulanza	der Krankenwagen
tastare il polso	den Puls fühlen
la barella	die Krankentrage
il paziente	der Patient

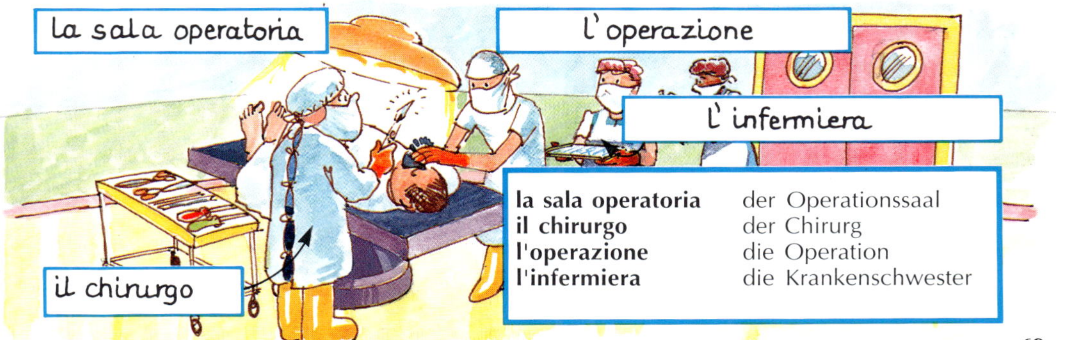

la sala operatoria
l'operazione
l'infermiera
il chirurgo

la sala operatoria	der Operationssaal
il chirurgo	der Chirurg
l'operazione	die Operation
l'infermiera	die Krankenschwester

Schule und Ausbildung

la scuola materna

la scuola elementare

il direttore

il liceo

l'universita

la preside

la scuola materna	der Kindergarten	**il liceo**	das Gymnasium
la scuola elementare	die Grundschule	**la preside**	die Direktorin
il direttore	der Direktor	**l'università**	die Universität

la lezione

la classe

la carta geografica

l'insegnante

a scuola

insegnare

lo scolaro

la lavagna

studiare

semplice

difficile

il gesso

chiedere qualcosa

leggere

scrivere

a scuola	in der Schule	**studiare**	lernen
la classe	das Klassenzimmer	**semplice**	einfach
la carta geografica	die Landkarte	**difficile**	schwierig
la lezione	der Unterricht	**la lavagna**	die Tafel
il maestro	der Lehrer (Grundschule)	**il gesso**	die Kreide
l'insegnante	der Lehrer	**leggere**	lesen
insegnare	unterrichten, lehren	**scrivere**	schreiben
lo scolaro	der Schüler	**chiedere qualcosa**	etwas fragen

la cartella	die Schultasche
il quaderno	das Heft
l'astuccio	das Etui
la penna	der Füller
la biro	der Kugelschreiber
la matita	der Bleistift
la gomma	der Radiergummi
la riga	das Lineal

la cartella

il quaderno

l'astuccio

la penna

la gomma

la biro

la riga

la matita

alla scuola materna

alla scuola materna	im Kindergarten
il giocattolo	das Spielzeug
la matita colorata	der Buntstift
il libro illustrato	das Bilderbuch
giocare	spielen

il giocattolo

la matita colorata

giocare

il libro illustrato

il cortile della scuola

il campanello

il guardaroba

la pausa

il cortile della scuola	der Schulhof
la pausa	die Pause
il campanello	die Glocke
il guardaroba	die Garderobe

71

Schule und Ausbildung

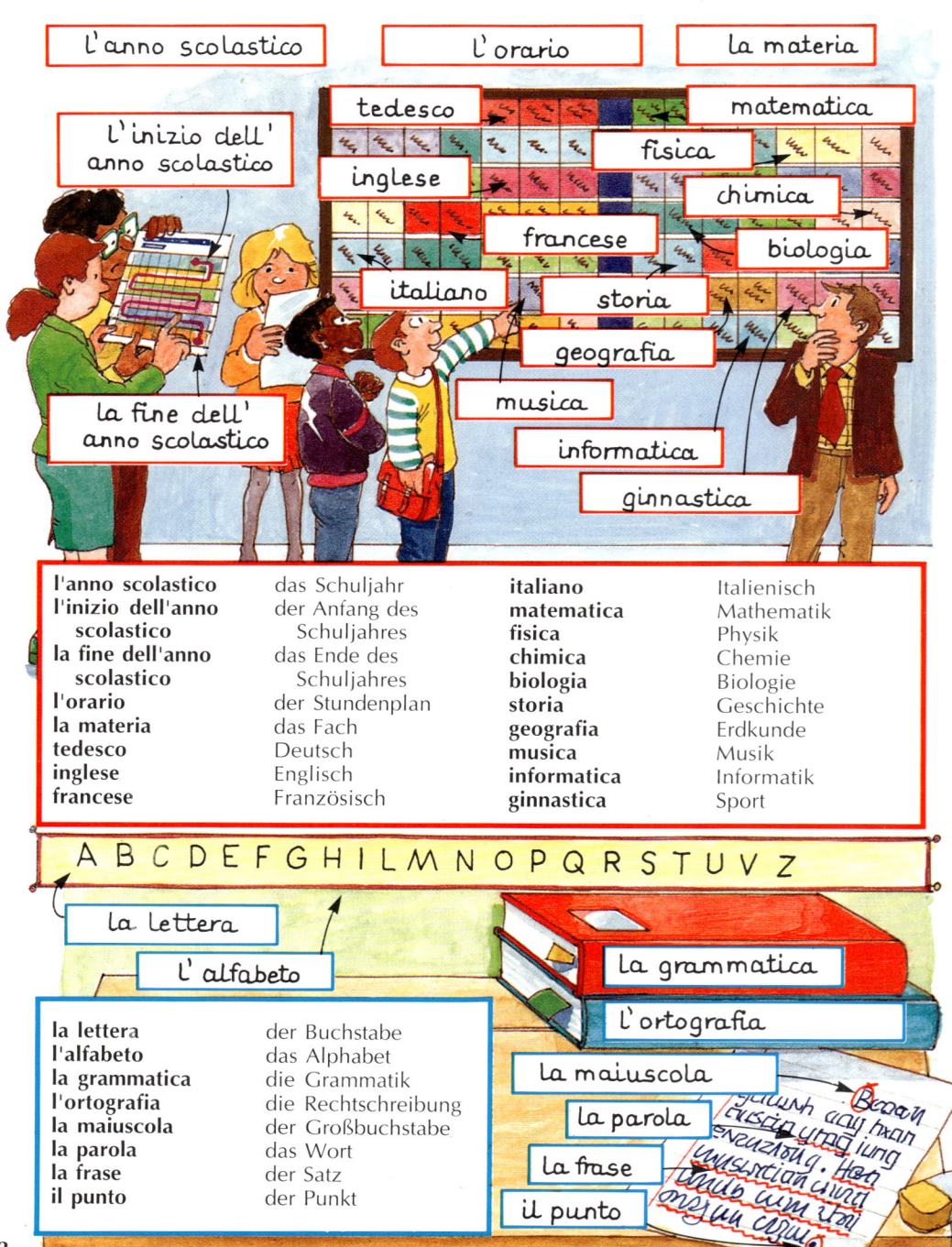

l'anno scolastico

l'orario

la materia

l'inizio dell' anno scolastico

tedesco

matematica

fisica

inglese

chimica

francese

biologia

italiano

storia

geografia

la fine dell' anno scolastico

musica

informatica

ginnastica

l'anno scolastico	das Schuljahr	**italiano**	Italienisch
l'inizio dell'anno scolastico	der Anfang des Schuljahres	**matematica**	Mathematik
la fine dell'anno scolastico	das Ende des Schuljahres	**fisica**	Physik
		chimica	Chemie
l'orario	der Stundenplan	**biologia**	Biologie
la materia	das Fach	**storia**	Geschichte
tedesco	Deutsch	**geografia**	Erdkunde
inglese	Englisch	**musica**	Musik
francese	Französisch	**informatica**	Informatik
		ginnastica	Sport

A B C D E F G H I L M N O P Q R S T U V Z

la lettera

l'alfabeto

la grammatica

l'ortografia

la lettera	der Buchstabe
l'alfabeto	das Alphabet
la grammatica	die Grammatik
l'ortografia	die Rechtschreibung
la maiuscola	der Großbuchstabe
la parola	das Wort
la frase	der Satz
il punto	der Punkt

la maiuscola

la parola

la frase

il punto

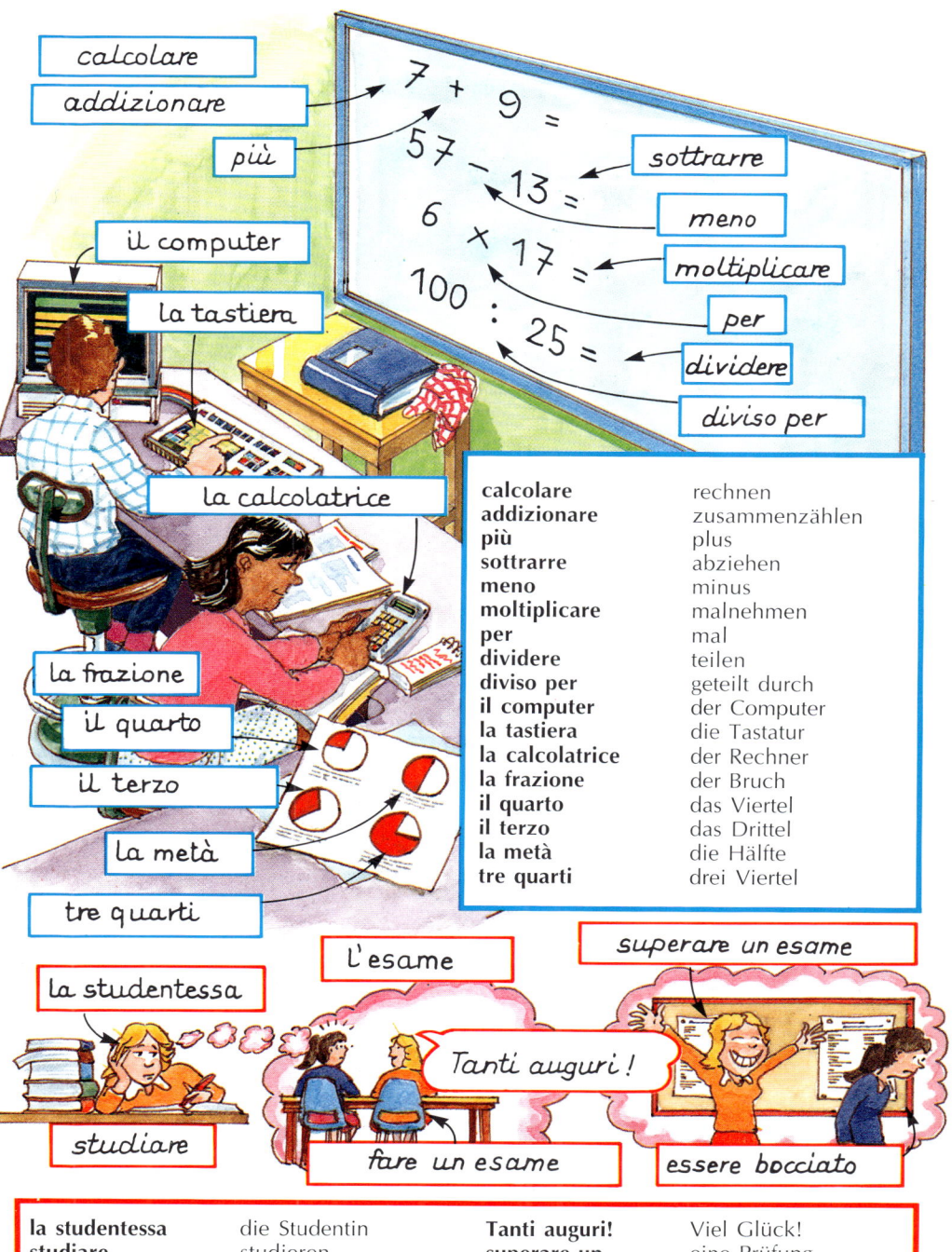

calcolare
addizionare
più
il computer
la tastiera
la calcolatrice
la frazione
il quarto
il terzo
la metà
tre quarti

7 + 9 =
57 - 13 =
6 × 17 =
100 : 25 =

sottrarre
meno
moltiplicare
per
dividere
diviso per

calcolare	rechnen
addizionare	zusammenzählen
più	plus
sottrarre	abziehen
meno	minus
moltiplicare	malnehmen
per	mal
dividere	teilen
diviso per	geteilt durch
il computer	der Computer
la tastiera	die Tastatur
la calcolatrice	der Rechner
la frazione	der Bruch
il quarto	das Viertel
il terzo	das Drittel
la metà	die Hälfte
tre quarti	drei Viertel

l'esame
superare un esame
la studentessa
Tanti auguri!
studiare
fare un esame
essere bocciato

la studentessa	die Studentin	Tanti auguri!	Viel Glück!
studiare	studieren	superare un	eine Prüfung
l'esame	die Prüfung	esame	bestehen
fare un esame	eine Prüfung machen	essere bocciato (a)	durchfallen

73

Formen und Maße

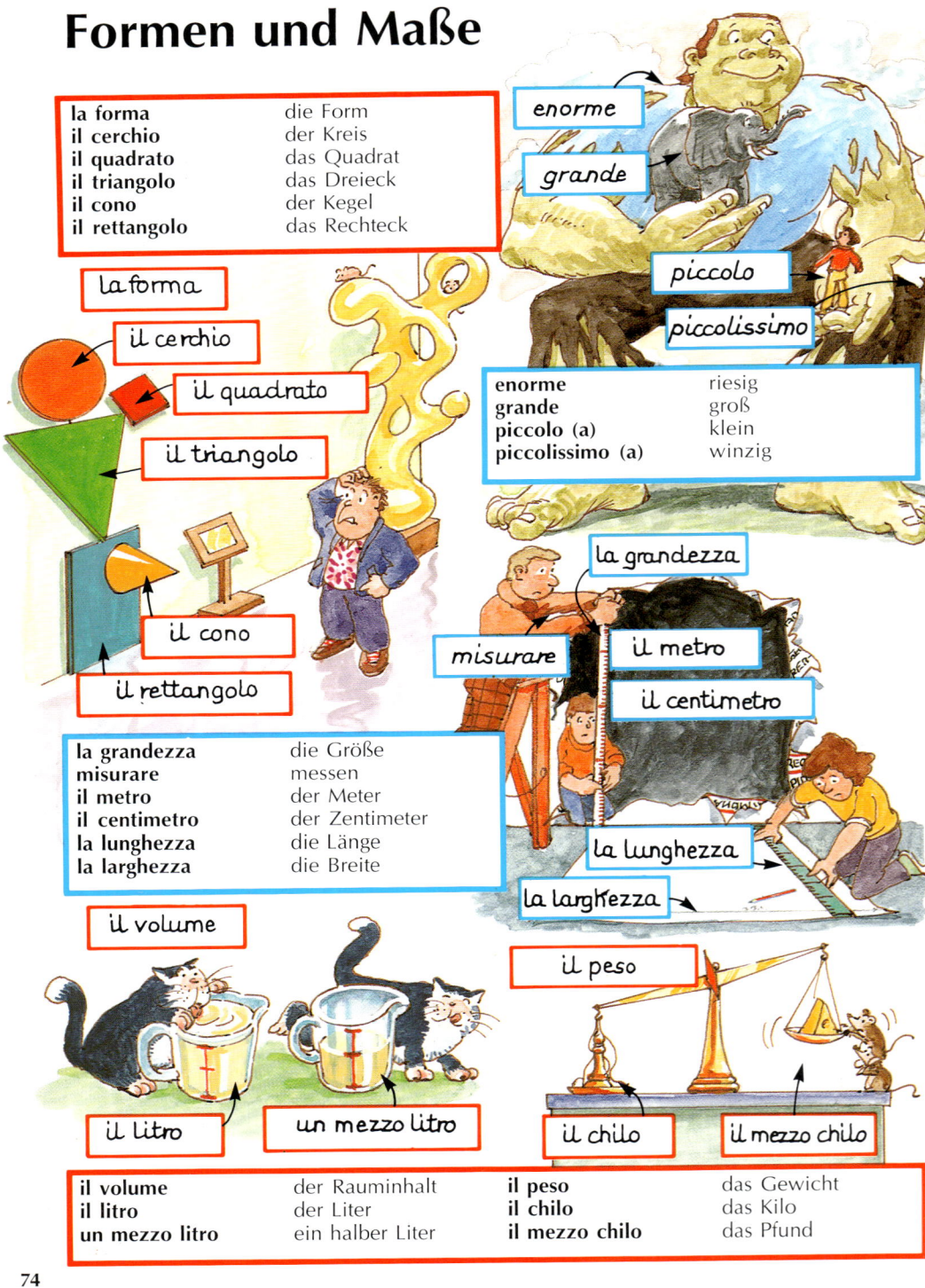

la forma	die Form
il cerchio	der Kreis
il quadrato	das Quadrat
il triangolo	das Dreieck
il cono	der Kegel
il rettangolo	das Rechteck

la forma

il cerchio

il quadrato

il triangolo

il cono

il rettangolo

enorme

grande

piccolo

piccolissimo

enorme	riesig
grande	groß
piccolo (a)	klein
piccolissimo (a)	winzig

la grandezza

misurare

il metro

il centimetro

la lunghezza

la larghezza

la grandezza	die Größe
misurare	messen
il metro	der Meter
il centimetro	der Zentimeter
la lunghezza	die Länge
la larghezza	die Breite

il volume

il litro

un mezzo litro

il peso

il chilo

il mezzo chilo

il volume	der Rauminhalt	il peso	das Gewicht
il litro	der Liter	il chilo	das Kilo
un mezzo litro	ein halber Liter	il mezzo chilo	das Pfund

Zahlen

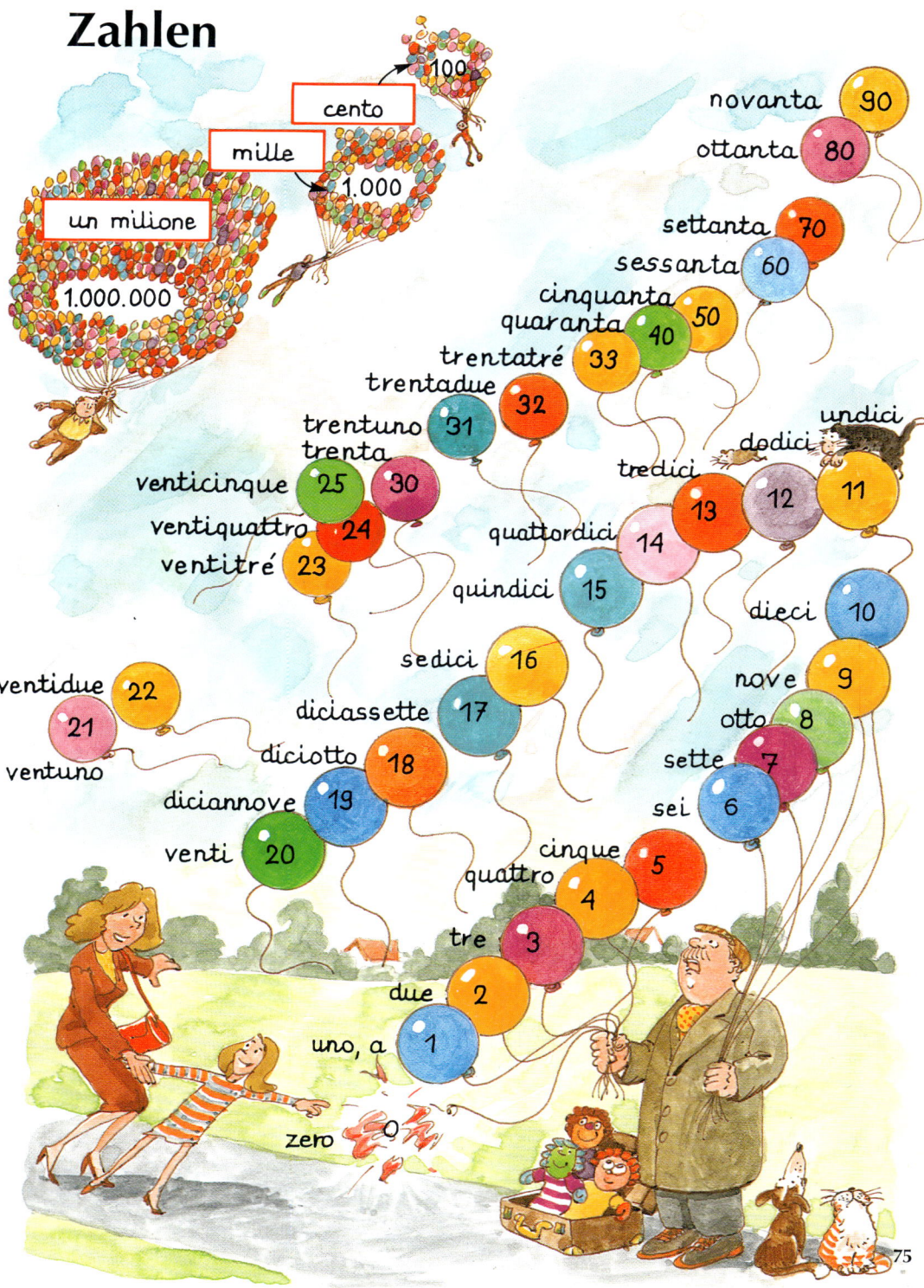

cento — 100
mille — 1.000
un milione — 1.000.000

novanta — 90
ottanta — 80
settanta — 70
sessanta — 60
cinquanta — 50
quaranta — 40
trentatré — 33
trentadue — 32
trentuno — 31
trenta — 30
venticinque — 25
ventiquattro — 24
ventitré — 23
ventidue — 22
ventuno — 21
venti — 20
diciannove — 19
diciotto — 18
diciassette — 17
sedici — 16
quindici — 15
quattordici — 14
tredici — 13
dodici — 12
undici — 11
dieci — 10
nove — 9
otto — 8
sette — 7
sei — 6
cinque — 5
quattro — 4
tre — 3
due — 2
uno, a — 1
zero — 0

Sport

tenersi in forma

la tuta (sportiva)

la benda

le scarpe da jogging

allenarsi

praticare il jogging

tenersi in forma	sich fit halten	**le scarpe da jogging**	die Joggingschuhe
allenarsi	trainieren		
praticare il jogging	joggen	**la tuta (sportiva)**	der Trainingsanzug
la benda	das Stirnband		

giocare al golf

giocare al tennis

la mazza da golf

il campo da tennis

giocare allo squash

il giocatore

Dentro!

servire

Fuori campo!

la rete

la palla

la racchetta

giocare al tennis	Tennis spielen	**la rete**	das Netz
il campo da tennis	der Tennisplatz	**la palla**	der Ball
il giocatore	der Spieler	**la racchetta**	der Schläger
servire	aufschlagen	**giocare al golf**	Golf spielen
Dentro!	Gut!	**la mazza da golf**	der Golfschläger
Fuori campo!	Aus!	**giocare allo squash**	Squash spielen

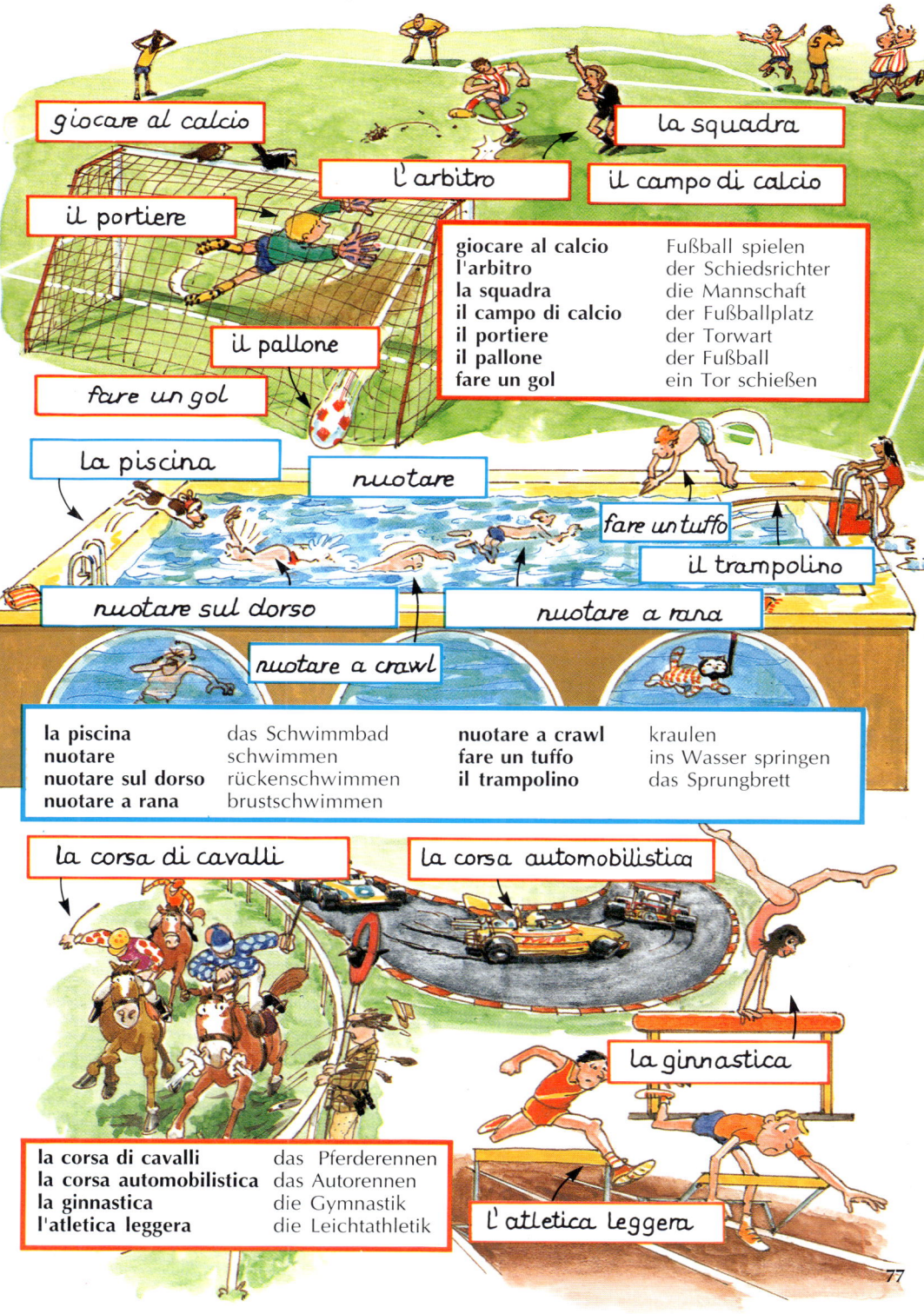

giocare al calcio

l'arbitro

la squadra

il portiere

il campo di calcio

il pallone

fare un gol

giocare al calcio	Fußball spielen
l'arbitro	der Schiedsrichter
la squadra	die Mannschaft
il campo di calcio	der Fußballplatz
il portiere	der Torwart
il pallone	der Fußball
fare un gol	ein Tor schießen

la piscina

nuotare

fare un tuffo

il trampolino

nuotare sul dorso

nuotare a rana

nuotare a crawl

la piscina	das Schwimmbad	**nuotare a crawl**	kraulen
nuotare	schwimmen	**fare un tuffo**	ins Wasser springen
nuotare sul dorso	rückenschwimmen	**il trampolino**	das Sprungbrett
nuotare a rana	brustschwimmen		

la corsa di cavalli

la corsa automobilistica

la ginnastica

l'atletica leggera

la corsa di cavalli	das Pferderennen
la corsa automobilistica	das Autorennen
la ginnastica	die Gymnastik
l'atletica leggera	die Leichtathletik

Feste und Feiertage

il compleanno	der Geburtstag
la festa	das Fest
il palloncino	der Luftballon
Tanti auguri di buon compleanno!	Herzlichen Glückwunsch zum Geburtstag!
invitare	einladen
divertirsi	Spaß haben
la torta	die Torte
la candela	die Kerze
la cartolina d'auguri	die Glückwunschkarte
il regalo	das Geschenk
la confezione	die Verpackung

il compleanno

la festa

il palloncino

Tanti auguri di buon compleanno!

invitare

divertirsi

la torta

la candela

il regalo

la confezione

la cartolina d'auguri

il giorno di Natale

Pasqua

Natale

la vigilia di Natale

l'albero di Natale

Pasqua	Ostern
Natale	Weihnachten
la vigilia di Natale	der Heilige Abend
il giorno di Natale	der Weihnachtstag
l'albero di Natale	der Weihnachtsbaum

fidanzarsi

le nozze

sposarsi

lo sposo

la sposa

l' invitato

fare gli auguri

il mazzo di fiori

essere felice

la luna di miele

fidanzarsi	sich verloben
le nozze	die Trauung
sposarsi	heiraten
lo sposo	der Bräutigam
la sposa	die Braut
l'invitato	der Gast
fare gli auguri	gratulieren
il mazzo di fiori	der Blumenstrauß
essere felice	glücklich sein
la luna di miele	die Flitterwochen

Buon Natale!

il canto natalizio

regalare

ricevere

Mille grazie!

ringraziare

Buon Natale!	Frohe Weihnachten!
il canto natalizio	das Weihnachtslied
regalare	schenken
ricevere	bekommen
Mille grazie!	Tausend Dank!
ringraziare	sich bedanken

San Silvestro

il Capodanno

festeggiare

Buon Anno!

San Silvestro	Silvester
il Capodanno	Neujahr
festeggiare	feiern
Buon Anno!	Ein glückliches neues Jahr!

Kalender- und Zeitbegriffe

il calendario

il mese

gennaio
febbraio
marzo
aprile
maggio
giugno
luglio
agosto
settembre
ottobre
novembre
dicembre

l'anno

il calendario	der Kalender
il mese	der Monat
gennaio	Januar
febbraio	Februar
marzo	März
aprile	April
maggio	Mai
giugno	Juni
luglio	Juli
agosto	August
settembre	September
ottobre	Oktober
novembre	November
dicembre	Dezember
l'anno	das Jahr
il giorno	der Tag
la settimana	die Woche
il fine settimana	das Wochenende
lunedì	Montag
martedì	Dienstag
mercoledì	Mittwoch
giovedì	Donnerstag
venerdì	Freitag
sabato	Samstag
domenica	Sonntag

il giorno

lunedì
martedì
mercoledì
giovedì
venerdì
sabato
domenica

la settimana

il fine settimana

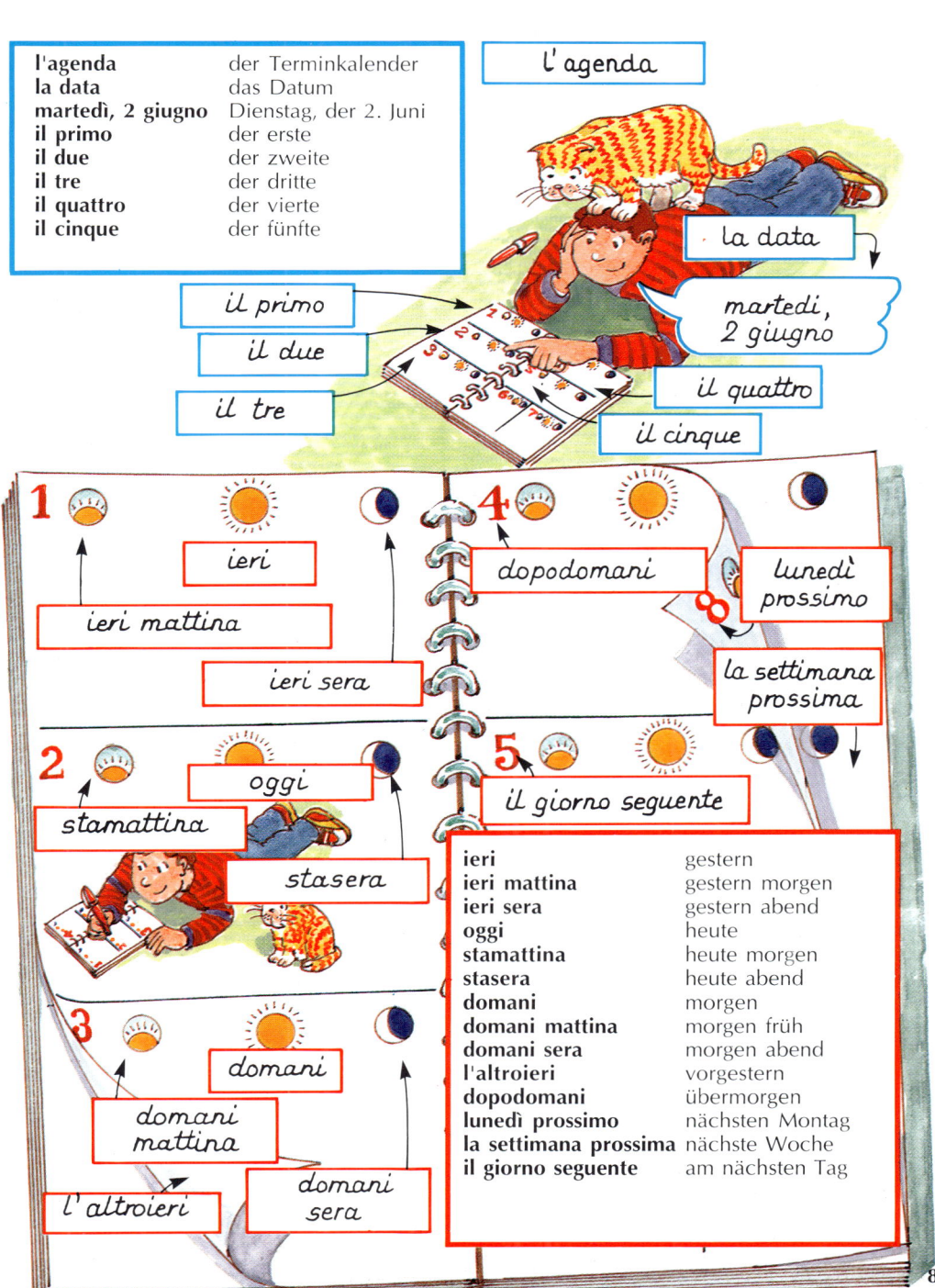

l'agenda	der Terminkalender
la data	das Datum
martedì, 2 giugno	Dienstag, der 2. Juni
il primo	der erste
il due	der zweite
il tre	der dritte
il quattro	der vierte
il cinque	der fünfte

l'agenda

la data

martedì, 2 giugno

il primo

il due

il tre

il quattro

il cinque

1 ieri

ieri mattina

ieri sera

4 dopodomani

lunedì prossimo

la settimana prossima

2 oggi

stamattina

stasera

5 il giorno seguente

3 domani

domani mattina

domani sera

l'altroieri

ieri	gestern
ieri mattina	gestern morgen
ieri sera	gestern abend
oggi	heute
stamattina	heute morgen
stasera	heute abend
domani	morgen
domani mattina	morgen früh
domani sera	morgen abend
l'altroieri	vorgestern
dopodomani	übermorgen
lunedì prossimo	nächsten Montag
la settimana prossima	nächste Woche
il giorno seguente	am nächsten Tag

Uhrzeit

l'alba

il sorgere del sole

Si fa giorno.

il mattino

il sole

il cielo

Si è fatto giorno.

il giorno

l'alba	das Morgengrauen	il mattino	der Morgen
il sorgere del sole	der Sonnenaufgang	il sole	die Sonne
Si fa giorno.	Es wird hell.	il cielo	der Himmel
il giorno	der Tag	Si è fatto giorno.	Es ist hell.

il pomeriggio

la sera

il tramonto del sole

Si fa buio.

la notte

la stella

la luna

È buio.

il pomeriggio	der Nachmittag	la notte	die Nacht
la sera	der Abend	la stella	der Stern
Si fa buio.	Es wird dunkel.	la luna	der Mond
il tramonto del sole	der Sonnenuntergang	È buio.	Es ist dunkel.

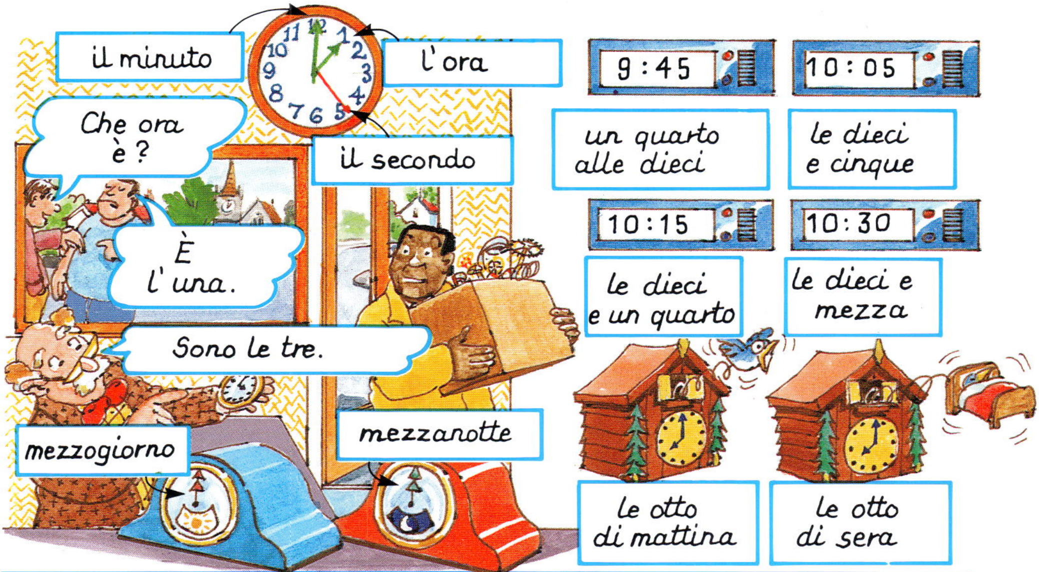

il minuto

l'ora

Che ora è?

il secondo

È l'una.

Sono le tre.

mezzogiorno

mezzanotte

9:45 — un quarto alle dieci

10:05 — le dieci e cinque

10:15 — le dieci e un quarto

10:30 — le dieci e mezza

le otto di mattina

le otto di sera

Che ora è?	Wie spät ist es?	un quarto alle dieci	viertel vor zehn
l'ora	die Stunde	le dieci e cinque	fünf nach zehn
il minuto	die Minute	le dieci e un quarto	viertel nach zehn
il secondo	die Sekunde	le dieci e mezza	halb elf
È l'una.	Es ist ein Uhr.	le otto di mattina	acht Uhr morgens
Sono le tre.	Es ist drei Uhr.		
mezzogiorno	Mittag	le otto di sera	acht Uhr abends
mezzanotte	Mitternacht		

il tempo

il futuro

il passato

il presente

nel futuro

allora

ora

il tempo	die Zeit	allora	damals, dann
il passato	die Vergangenheit	nel futuro	in der Zukunft
il futuro	die Zukunft	ora	jetzt
il presente	die Gegenwart		

83

Wetter und Jahreszeiten

la stagione — die Jahreszeit
la primavera — der Frühling
l'estate — der Sommer
l'autunno — der Herbst
l'inverno — der Winter

la stagione

la primavera

il tempo

Piove.

l'inverno

la pioggia

il temporale

la nuvola

l'autunno

l'estate

il lampo

il tuono

l'arcobaleno

l'ombrello

gli stivali di gomma

bagnato come un pulcino

la pozzanghera

la goccia di pioggia

la grandine

l'inondazione

il tempo — das Wetter
Piove. — Es regnet.
la pioggia — der Regen
il temporale — das Gewitter
la nuvola — die Wolke
il lampo — der Blitz
il tuono — der Donner
l'ombrello — der Regenschirm
l'arcobaleno — der Regenbogen
gli stivali di gomma — die Gummistiefel
bagnato come un pulcino — klatschnaß
la pozzanghera — die Pfütze
la goccia di pioggia — der Regentropfen
la grandine — der Hagel
l'inondazione — die Überschwemmung

il clima — das Klima
la previsione del tempo — die Wettervorhersage
Che tempo fa? — Wie ist das Wetter?

Fa bel tempo. — Es ist schön.
C'è il sole. — Die Sonne scheint.
sudare — schwitzen
Ho caldo. — Mir ist warm.

il vento — der Wind
C'è vento. — Es ist windig.
la nebbia — der Nebel
C'è nebbia. — Es ist neblig.

Fa freddo. — Es ist kalt.
mezzo morto di freddo — halb erfroren
il gelo — der Frost
il ghiacciolo — der Eiszapfen
la neve — der Schnee
il pupazzo di neve — der Schneemann
Nevica. — Es schneit.
sgelare — tauen

Erde und Weltraum

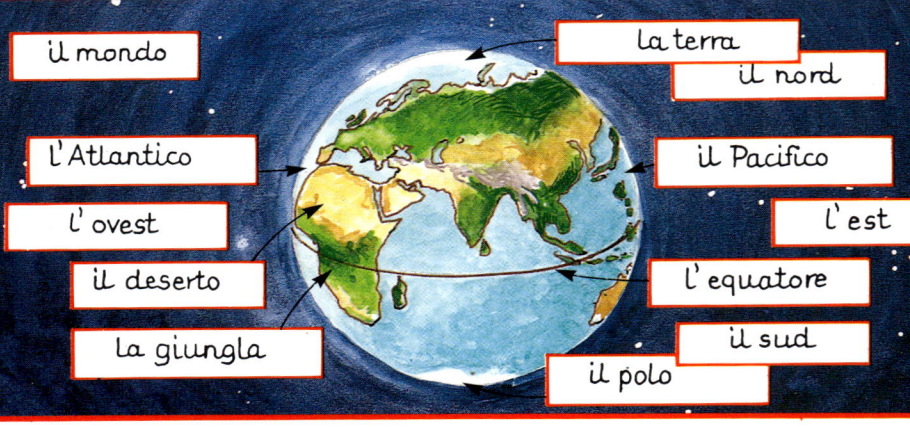

il mondo

la terra

il nord

l'Atlantico

il Pacifico

l'ovest

l'est

il deserto

l'equatore

la giungla

il sud

il polo

il mondo	die Welt	**il nord**	der Norden
la terra	die Erde	**il Pacifico**	der Pazifik
l'Atlantico	der Atlantik	**l'est**	der Osten
l'ovest	der Westen	**l'equatore**	der Äquator
il deserto	die Wüste	**il sud**	der Süden
la giungla	der Dschungel	**il polo**	der Pol

il continente

il paese

la Russia

il Canada

il Giappone

la Cina

gli Stati Uniti

l'Europa

l'India

l'Africa

La Nuova Zelanda

l'Australia

l'America latina

l' universo

lo spazio

la stella

il pianeta

la nave spaziale

la via lattea

l'universo	das Universum
lo spazio	der Weltraum
il pianeta	der Planet
la stella	der Stern
la nave spaziale	das Raumschiff
la via lattea	die Milchstraße
il telescopio	das Fernrohr

il telescopio

il continente	der Erdteil
il paese	das Land
la Russia	Rußland
l'Europa	Europa
l'Africa	Afrika
il Giappone	Japan
la Cina	China
l'India	Indien
l'Australia	Australien
La Nuova Zelanda	Neuseeland
il Canada	Kanada
gli Stati Uniti	die USA
l'America latina	Lateinamerika

la Scandinavia

la Gran Bretagna

il Belgio / i Paesi Bassi

la Francia

la Germania

la Svizzera

l'Austria

l' Italia

la Spagna

la Scandinavia	Skandinavien
la Gran Bretagna	Großbritannien
i Paesi Bassi	die Niederlande
il Belgio	Belgien
la Germania	Deutschland
l'Austria	Österreich
la Francia	Frankreich
la Svizzera	die Schweiz
l'Italia	Italien
la Spagna	Spanien

Staat und Gesellschaft

il **presidente** — il presidente der Präsident
il **parlamento** — il parlamento das Parlament
il **deputato** — il deputato der Abgeordnete
il primo ministro — der Ministerpräsident
il governo — die Regierung

il **presidente**	der Präsident
il **parlamento**	das Parlament
il **deputato**	der Abgeordnete
il **primo ministro**	der Ministerpräsident
il **governo**	die Regierung

il partito

la capo del partito

popolare

il membro

il **partito**	die Partei
la **capo del partito**	die Vorsitzende
popolare	beliebt
il **membro**	das Mitglied

l'elezione

eleggere

di sinistra

liberale

conservatore

diventare membro

essere membro

vincere

perdere

l'elezione	die Wahl	**liberale**	liberal
eleggere	wählen	**conservatore**	konservativ
vincere	gewinnen	**diventare membro**	Mitglied werden
perdere	verlieren	**essere membro**	Mitglied sein
di sinistra	links		

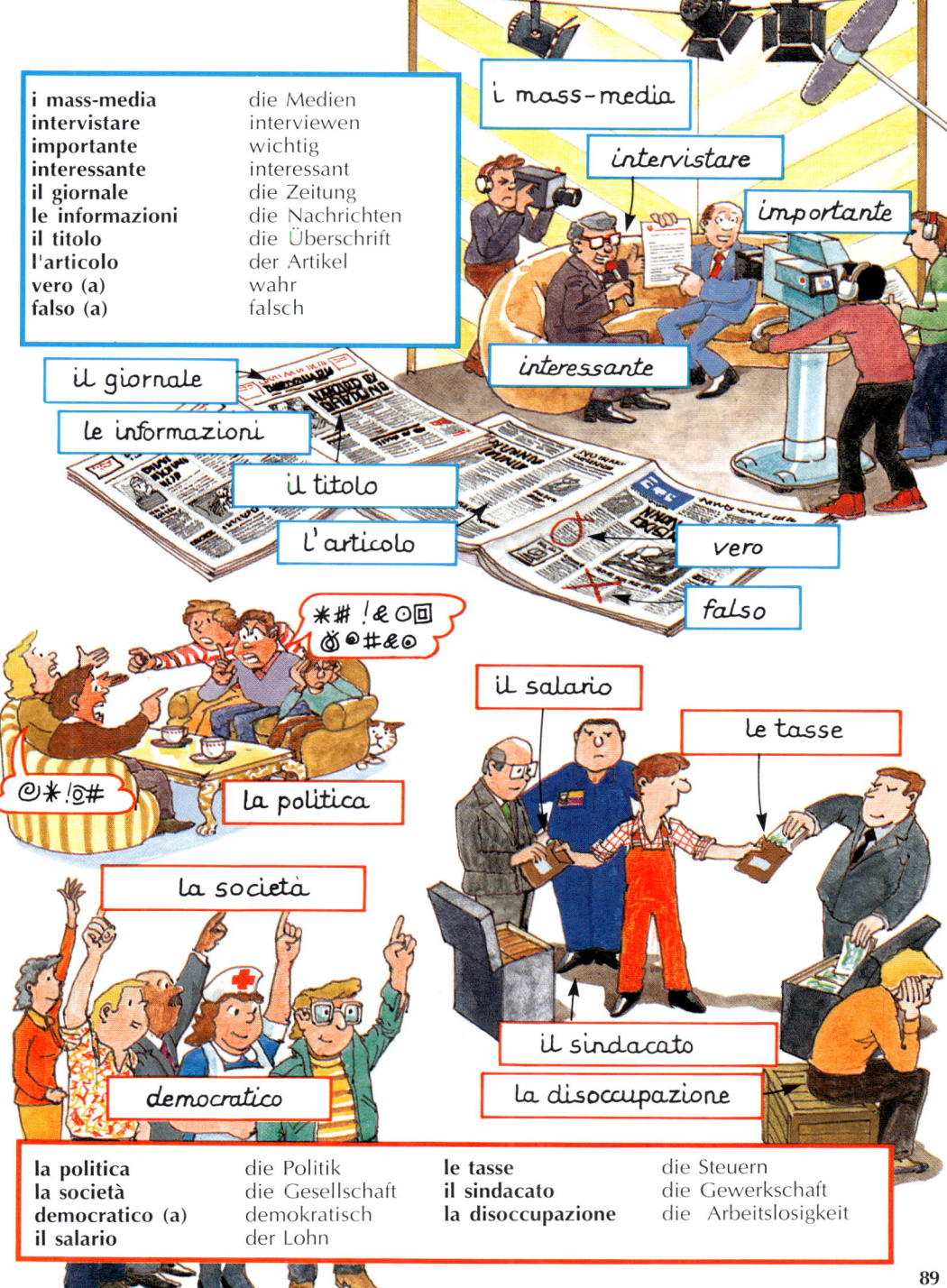

i mass-media	die Medien		
intervistare	interviewen		
importante	wichtig		
interessante	interessant		
il giornale	die Zeitung		
le informazioni	die Nachrichten		
il titolo	die Überschrift		
l'articolo	der Artikel		
vero (a)	wahr		
falso (a)	falsch		

i mass-media

intervistare

importante

interessante

il giornale

le informazioni

il titolo

l'articolo

vero

falso

la politica

la società

il salario

le tasse

democratico

il sindacato

la disoccupazione

la politica	die Politik	**le tasse**	die Steuern
la società	die Gesellschaft	**il sindacato**	die Gewerkschaft
democratico (a)	demokratisch	**la disoccupazione**	die Arbeitslosigkeit
il salario	der Lohn		

Eigenschaften

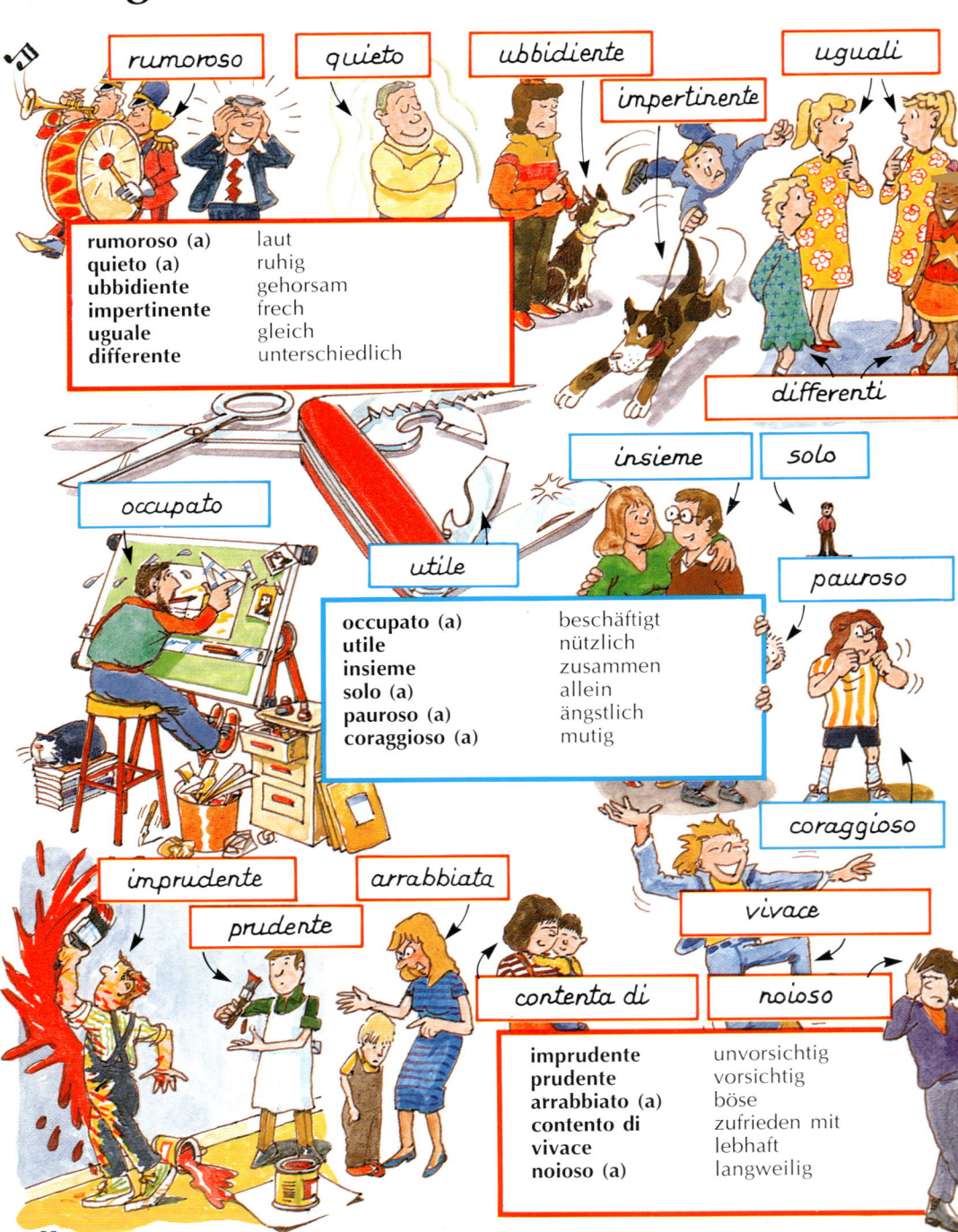

rumoroso

quieto

ubbidiente

impertinente

uguali

differenti

rumoroso (a)	laut
quieto (a)	ruhig
ubbidiente	gehorsam
impertinente	frech
uguale	gleich
differente	unterschiedlich

occupato

insieme

solo

utile

pauroso

occupato (a)	beschäftigt
utile	nützlich
insieme	zusammen
solo (a)	allein
pauroso (a)	ängstlich
coraggioso (a)	mutig

coraggioso

imprudente

arrabbiata

prudente

vivace

contenta di

noioso

imprudente	unvorsichtig
prudente	vorsichtig
arrabbiato (a)	böse
contento di	zufrieden mit
vivace	lebhaft
noioso (a)	langweilig

pieno

vuoto

lungo

corto

duro

morbido

pieno (a)	voll
vuoto (a)	leer
lungo (a)	lang
corto (a)	kurz
duro (a)	hart
morbido (a)	weich

nuovo

vecchio

profondo

aperto

chiuso

poco profondo

nuovo (a)	neu
vecchio (a)	alt
aperto (a)	offen
chiuso (a)	geschlossen
profondo (a)	tief
poco profondo (a)	flach

stretto

alla moda

fuori moda

l'ultimo

largo

stretto (a)	eng
largo (a)	weit
alla moda	modisch
fuori moda	altmodisch
ultimo (a)	letzte(r)

di plastica

di legno

d'oro

di metallo

d'argento

di plastica	aus Plastik
di legno	aus Holz
d'oro	aus Gold
di metallo	aus Metall
d'argento	aus Silber

Farben

il colore

rosso

giallo

vivo

azzurro

rosa

blu

pallido

bianco

lilla

arancione

scuro

nero

verde

grigio

torbido

a disegni

marrone

a pallini

a righe

il colore	die Farbe	vivo (a)	leuchtend
rosso (a)	rot	arancione	orange
rosa	rosa	azzurro (a)	blau
pallido (a)	blaß	blu	dunkelblau
bianco (a)	weiß	lilla	lila
nero (a)	schwarz	scuro (a)	dunkel
grigio (a)	grau	verde	grün
torbido (a)	trüb	a disegni	gemustert
marrone	braun	a pallini	gepunktet
giallo (a)	gelb	a righe	gestreift

In, auf, unter ...

in	in	**dietro a**	hinter
su	auf	**contro**	gegen
sotto	unter	**per**	durch
sopra	über	**fra/tra**	zwischen, unter
in	hinein	**verso**	auf...zu
da	aus	**via da**	weg von
accanto a	neben	**su**	hinauf
fra/tra	zwischen	**giù**	hinunter
vicino a	nahe an	**di fronte a**	gegenüber
lontano da	weit weg von	**con**	mit
davanti a	vor	**senza**	ohne

Tätigkeiten

bisbigliare

gridare

cercare

aspettare

appoggiarsi

tenere

bisbigliare	flüstern
gridare	rufen
cercare	suchen
aspettare	warten auf
appoggiarsi	sich anlehnen
tenere	halten

portare

raccogliere

lasciare cadere

posare

portare	tragen	**raccogliere**	aufheben
lasciare cadere	fallen lassen	**posare**	hinstellen

toccare

chiudere

aprire

versare

riempire

agitare

vuotare

toccare	berühren
aprire	öffnen
chiudere	zumachen
versare	gießen
riempire	füllen
agitare	schütteln
vuotare	leeren

stracciare

gettare

prendere

stracciare	zerreißen
rattoppare	flicken
gettare	werfen
prendere	auffangen
rovesciare	umwerfen
rompere	zerbrechen

rattoppare

rovesciare

rompere

rubare

scivolare

tirare

spingere

scappare via

seguire

nascondersi

tirare	ziehen	scappare via	davonlaufen
spingere	drücken	seguire	verfolgen
rubare	stehlen	nascondersi	sich verstecken
scivolare	ausrutschen		

Tips zur Grammatik

Um Italienisch zu sprechen, brauchst du einige Grundkenntnisse der Grammatik. Du mußt ja wissen, wie du die Wörter zusammenfügen und Sätze bilden kannst. Auf den folgenden Seiten findest du einige Regeln und Angaben dazu. Keine Angst, wenn du dir nicht gleich alle merken kannst. Lerne immer nur ein wenig Grammatik auf einmal und übe das Gelernte im täglichen Gebrauch.

Hauptwörter (Substantive)

Italienische Substantive sind entweder männlich (maskulin) oder weiblich (feminin); **il** steht vor dem maskulinen, **la** vor dem femininen Substantiv; **l'** vor einem Substantiv, das mit einem Vokal beginnt und **lo** vor einem männlichen Substantiv, das mit **s** + Konsonant oder mit **z** beginnt.

Einzahl (Singular)

il libro	das Buch
la donna	die Frau
l'uomo	der Mann
l'erba	das Gras
lo scolaro	der Schüler
lo zio	der Onkel

Mehrzahl (Plural)

Dem deutschen Mehrzahlartikel »die« entsprechen die Formen **i**, **le** und **gli**.

i libri	die Bücher
le donne	die Frauen
gli uomini	die Männer
le erbe	die Gräser
gli scolari	die Schüler
gli zii	die Onkel

Substantive, die in der Einzahl auf **-e** enden, bilden den Plural auf **-i**.

il professore	der Lehrer
i professori	die Lehrer
la parete	die Wand
le pareti	die Wände

Substantive, die auf **-a** enden und männliche Lebewesen bezeichnen, sind maskulin und bilden den Plural auf **-i**. Hingegen bleiben die auf **-à** im Plural unverändert.

il turista	der Tourist
i turisti	die Touristen
il poeta	der Dichter
i poeti	die Dichter
la città	die Stadt
le città	die Städte

ein, eine

Dem deutschen »ein«, »eine« entspricht im Italienischen **un**, **una**, **uno** (vor s + Konsonant und vor z), **un** vor einem maskulinen Substantiv, das mit einem Vokal beginnt und **un'** vor einem femininen Substantiv, das mit einem Vokal beginnt.

un libro	ein Buch
una donna	eine Frau
uno scolaro	ein Schüler
uno zio	ein Onkel
un uomo	ein Mann
un'anima	eine Seele

Unbestimmte Mengenangabe

Auf Maße, Gewichte, Mengenangaben folgende Substantive werden mit **di** angeschlossen:

una tazza di tè	eine Tasse Tee
un litro di latte	ein Liter Milch
un etto di formaggio	100 Gramm Käse
un chilo di mele	ein Kilo Äpfel

mein, dein

»Mein«, »dein«, »sein«, »ihr« usw. sind besitzanzeigende Fürwörter (Possessivpronomen). Im Italienischen werden sie, wie im Deutschen auch, an das zugehörige Substantiv angeglichen; sie erscheinen also in der maskulinen oder femininen Form und stehen in der Einzahl oder Mehrzahl.

E/m
il mio libro
mein Buch
il tuo libro
dein Buch
il suo libro
sein/ihr Buch
il Suo libro
Ihr Buch
il nostro libro
unser Buch
il vostro libro
euer Buch
il loro libro
ihr Buch
il Loro libro
Ihr Buch

M/m
i miei libri
meine Bücher
i tuoi libri
deine Bücher
i suoi libri
seine/ihre Bücher
i Suoi libri
Ihre Bücher
i nostri libri
unsere Bücher
i vostri libri
eure Bücher
i loro libri
ihre Bücher
i Loro libri
Ihre Bücher

E/w
la mia casa
mein Haus
la tua casa
dein Haus
la sua casa
sein/ihr Haus
la Sua casa
Ihr Haus
la nostra casa
unser Haus
la vostra casa
euer Haus
la loro casa
ihr Haus
la Loro casa
Ihr Haus

M/w
le mie case
meine Häuser
le tue case
deine Häuser
le sue case
seine/ihre Häuser
le Sue case
Ihre Häuser
le nostre case
unsere Häuser
le vostre case
eure Häuser
le loro case
ihre Häuser
le Loro case
Ihre Häuser

loro ist unveränderlich:
nostri amici vendono il loro giardino, la loro casa, i loro mobili.
Unsere Freunde verkaufen ihren Garten, ihr Haus, ihre Möbel.

Eigenschaftswörter (Adjektive)

Im Italienischen ändern Adjektive, ebenfalls wie im Deutschen, die Endung, je nachdem, ob sie ein männliches oder weibliches, in der Einzahl oder Mehrzahl stehendes Wort beschreiben.
Die Adjektive auf **-o** unterscheiden Maskulinum und Femininum in Singular und Plural: **rosso, rossa, rossi, rosse**.
Die Adjektive auf **-e** unterscheiden nur Singular und Plural: **interessante, interessanti**.

Questo vestito è rosso.
Dieses Kleid ist rot.
Questi vestiti sono rossi.
Diese Kleider sind rot.
Questa casa è rossa.
Dieses Haus ist rot.
Queste case sono rosse.
Diese Häuser sind rot.
Questo libro è interessante.
Dieses Buch ist interessant.
Questi libri sono interessanti.
Diese Bücher sind interessant.
Questa donna è interessante.
Diese Frau ist interessant.
Queste donne sono interessanti.
Diese Frauen sind interessant.

Bezieht sich das Adjektiv auf mehrere Substantive verschiedenen Geschlechts, so steht es im Plural Maskulinum:

Ho visto una gonna e un cappotto molto belli.
Ich habe einen sehr schönen Rock und Mantel gesehen.

Besonderheiten bei Adjektiven:
Adjektive auf **-ista** unterscheiden Maskulinum und Femininum nur im Plural.

un uomo egoista	**una donna egoista**
ein egoistischer Mann	eine egoistische Frau
uomini egoisti	**donne egoiste**
egoistische Männer	egoistische Frauen

Unveränderlich sind:
pari (gleich) und **impari** (ungleich), **blu** (dunkelblau), **arancione** (orange), **viola** (violett) und **rosa** (rosa).

Besondere Pluralbildung:
Adjektive auf **-co** bilden den Plural auf **-chi** und **-che**.

un vestito bianco	**la stoffa bianca**
ein weißes Kleid	der weiße Stoff
dei vestiti bianchi	**le stoffe bianche**
weiße Kleider	die weißen Stoffe

Adjektive auf **-go** bilden den Plural auf **-ghi** und **-ghe**.

un vestito lungo	**una pausa lunga**
ein langes Kleid	eine lange Pause
dei vestiti lunghi	**delle pause lunghe**
lange Kleider	lange Pausen

Adjektive auf **-io**, **-cio** und **-gio** haben in der männlichen Pluralendung nur ein **-i**, die weibliche Pluralbildung ist **-ie**:

proprio, propri, propria, proprie (eigen)
fradicio, fradici, fradicia, fradicie (faulig, morsch)

Meist stehen die Adjektive nach dem Substantiv.

un vestito rosso	ein rotes Kleid
un libro interessante	ein interessantes Buch
una donna egoista	eine egoistische Frau

Folgende, häufig vorkommende Adjektive stehen aber in der Regel vor dem Substantiv:

molto	viel
poco	wenig
tutto	ganz

molti soldi	viel Geld
tutto il mondo	die ganze Welt
poco sole	wenig Sonne
pochi amici	wenig Freunde

Bei einigen Adjektiven ändert sich mit der Stellung die Bedeutung:

un caro bambino	ein liebes Kind
una casa cara	ein teures Haus
una povera donna	eine bedauerns- werte Frau
un ragazzo povero	ein mittelloser Junge
una sola donna	eine einzige Frau
una donna sola	eine allein- stehende Frau

Die Steigerung von Adjektiven

Wie das Deutsche kennt das Italienische zwei Steigerungsformen. Für die erste

wird **più** vor das Adjektiv gesetzt, für die zweite **il/la/i/le più**:

Mario è più grande.	Mario ist größer.
Mario è il più grande.	Mario ist der größte.

Die Abwärtssteigerung wird mit **meno** und **il/la/i/le meno** gebildet:

Paolo è meno pigro.	Paul ist weniger faul.
Paolo è il meno pigro.	Paul ist am wenigsten faul.

Dem deutschen »als« beim Vergleich entspricht im Italienischen **di**, wenn ein Name, Substantiv oder Pronomen unmittelbar folgt. Und **che**, wenn eine andere Wortart folgt, wie z.B. eine Präposition, ein Adjektiv, ein Adverb oder ein Verb.

Mia madre è più alta di me.
Meine Mutter ist größer als ich.
Roma è più grande di Bologna.
Rom ist größer als Bologna.
Sei più gentile con lui che con me.
Du bist netter zu ihm als zu mir.
Sono più spesso in Italia che in Francia.
Ich bin öfter in Italien als in Frankreich.

Der absolute Superlativ

Er bezeichnet den sehr hohen Grad einer Eigenschaft:
una villa carissima
eine sündteure Villa
Questa torre è altissima.
Dieser Turm ist sehr hoch.
Roma è una città bellissima.
Rom ist eine wunderschöne Stadt.
una giornata freddissima
ein eiskalter Tag

Einige gebräuchliche Adjektive ändern ihre Form vollkommen:

buono	gut
migliore	besser
ottimo	am besten
cattivo	schlecht
peggiore	schlechter
pessimo	am schlechtesten

Fürwörter (Pronomen)

Pronomen werden anstelle von Substantiven gebraucht. Entsprechend den Substantiven, die sie ersetzen, stehen sie in den verschiedensten Formen.

Die betonten persönlichen Fürwörter

io	ich	**noi**	wir
tu	du	**voi**	ihr
lui	er	**loro**	sie (M)
lei	sie		
Lei	Sie	**Loro**	Sie (M)
a me	mir	**a noi**	uns
a te	dir	**a voi**	euch
a lui	ihm	**a loro**	ihnen
a lei	ihr		
a Lei	Ihnen	**a Loro**	Ihnen (M)
me	mich	**noi**	uns
te	dich	**voi**	euch
lui	ihn	**loro**	sie
lei	sie		
Lei	Sie	**Loro**	Sie (M)

Sie werden im allgemeinen nur gebraucht, wenn ein besonderer Nachdruck auf sie gelegt wird:

Perchè guardi sempre me?
Warum siehst du immer mich an?
Amo solo lui.
Ich liebe nur ihn.

Ferner in Verbindung mit Präpositionen:

Parlo con te e non con lui.
Ich spreche mit dir und nicht mit ihm.
Senza di voi.
Ohne euch.

Die unbetonten persönlichen Fürwörter

mi	mir	**ci**	uns
ti	dir	**vi**	euch
gli	ihm	**loro**	ihnen
le	ihr		
Le	Ihnen	**Loro**	Ihnen (M)
mi	mich	**ci**	uns
ti	dich	**vi**	euch
lo	ihn	**li**	sie (M/m)
la	sie	**le**	sie (M/w)
La	Sie	**Li**	Sie (M/m)
		Le	Sie (M/w)

Sie stehen unmittelbar vor dem Verb, in zusammengesetzten Zeiten vor dem Hilfsverb:

Ti vede. Er sieht dich.
Ti ha visto. Er hat dich gesehen.

Eine Ausnahme bildet **loro**, das nachgestellt wird:

Piace loro. Es gefällt ihnen.

Höflichkeitsform

Wenn du in Italien zu fremden oder wenig bekannten Erwachsenen sprichst, redest du sie mit **Lei** (Einzahl) und **Loro** (Mehrzahl) an.

Da dove viene Lei?
Woher kommen Sie?
Quando partono Loro?
Wann reisen Sie ab?

Tätigkeitswörter (Verben)

Ihre Form ist im Italienischen, wie ja auch im Deutschen, abhängig von der handelnden Person. Die meisten Verben werden entsprechend ihrer Grundform (**-are**, **-ere**, **-ire**) nach den folgenden Hauptmustern gebildet.

parlare	sprechen
parlo	ich spreche
parli	du sprichst
parla	er/sie spricht
parliamo	wir sprechen
parlate	ihr sprecht
parlano	sie sprechen
vedere	sehen
vedo	ich sehe
vedi	du siehst
vede	er/sie sieht
vediamo	wir sehen
vedete	ihr seht
vedono	sie sehen

credere	glauben
credo	ich glaube
credi	du glaubst
crede	er/sie glaubt
crediamo	wir glauben
credete	ihr glaubt
credono	sie glauben

Es gibt zwei Arten von Verben auf **-ere:** mit Stammbetonung (**prèndere**) und mit Endungsbetonung (**vedére**). Beide haben die gleiche Konjugation.

sentire	fühlen
sento	ich fühle
senti	du fühlst
sente	er/sie fühlt
sentiamo	wir fühlen
sentite	ihr fühlt
sentono	sie fühlen

Die meisten Verben auf **-ire** schieben in den stammbetonten Formen des Präsens die Silbe **-isc-** zwischen Stamm und Endung ein.

finire	beenden
finisco	ich beende
finisci	du beendest
finisce	er/sie beendet
finiamo	wir beenden
finite	ihr beendet
finiscono	sie beenden

Einige unregelmäßige Verben, wie z.B. avere (haben) und essere (sein) mußt du auswendig lernen, da sie keinem dieser Muster folgen. Die Präsensformen von avere und essere stehen nachfolgend. Weitere unregelmäßige Verben findest du auf Seite 102.

avere	haben
ho	ich habe
hai	du hast
ha	er/sie hat
abbiamo	wir haben
avete	ihr habt
hanno	sie haben

essere	sein
sono	ich bin
sei	du bist
è	er/sie ist
siamo	wir sind
siete	ihr seid
sono	sie sind

Mit den Futurformen beschreibst du Vorgänge, die in der Zukunft geschehen (z.B. Ich werde reden). Im Italienischen werden dafür dem Infinitiv folgende Endungen hinzugefügt:

parlare	credere	sentire
reden	glauben	fühlen
parlerò	**crederò**	**sentirò**
parlerai	**crederai**	**sentirai**
parlerà	**crederà**	**sentirà**
parleremo	**crederemo**	**sentiremo**
parlerete	**crederete**	**sentirete**
parleranno	**crederanno**	**sentiranno**

Für Ereignisse, die bereits geschehen sind (z.B. »Ich habe gesprochen« oder »Ich sprach«), braucht man häufig das Perfekt. Diese Vergangenheitsform wird mit den Präsensformen von **avere** und dem Partizip Perfekt des gewünschten Verbes gebildet. Das Partizip wird vom Infinitiv abgeleitet.

Infinitiv	Partizip Perfekt
parlare	**parlato**
credere	**creduto**
finire	**finito**

Hier ist nun die Perfektform von **parlare**, **credere** und **finire**:

ho parlato
hai parlato
ha parlato
abbiamo parlato
avete parlato
hanno parlato

ho creduto
hai creduto
ha creduto

abbiamo creduto
avete creduto
hanno creduto

ho finito
hai finito
ha finito
abbiamo finito
avete finito
hanno finito

Bei den folgenden gebräuchlichen
Verben wird das Perfekt nicht mit **avere**,
sondern mit **essere** gebildet:

andare	gehen
arrivare	ankommen
cadere	fallen
crescere	wachsen
divenire/diventare	werden
entrare	eintreten
invecchiare	alt werden
morire	sterben
partire	abreisen
restare	bleiben
rimanere	übrig bleiben
riuscire	gelingen
scappare	entwischen
stare	stehen
uscire	ausgehen
venire	kommen

Wird das Perfekt mit **essere** gebildet,
muß das Partizip wie ein Adjektiv an das
Subjekt des Verbes angeglichen werden;
es ist also maskulin oder feminin und
steht in der Einzahl oder Mehrzahl.

sono andato, -a	siamo andati, -e
sei andato, -a	siete andati, -e
è andato, -a	sono andati, -e

Reflexive Verben

Reflexive Verben bilden die zusammen-
gesetzten Zeiten mit **essere**. Dabei richtet
sich das Partizip Perfekt in Geschlecht
und Zahl nach dem Subjekt. Im Infinitiv
wird an das Verb **-si** angehängt.

lavarsi	sich waschen
mi lavo	ich wasche mich
ti lavi	du wäschst dich
si lava	er/sie wäscht sich
ci laviamo	wir waschen uns
vi lavate	ihr wascht euch
si lavano	sie waschen sich

Im Perfekt:

mi sono lavato, -a	ich habe mich gewaschen
ti sei lavato, -a	du hast dich gewaschen
si è lavato, -a	er/sie hat sich gewaschen
ci siamo lavati, -e	wir haben uns gewaschen
vi siete lavati, -e	ihr habt euch gewaschen
si sono lavati, -e	sie haben sich gewaschen

Verneinungsformen

1. **non**

Paolo non lavora.	Paul arbeitet nicht.
Perché non lavora?	Warum arbeitet er nicht?
Non ho tempo.	Ich habe keine Zeit.

2. **no**

No steht am Satzende anstelle von **non**
(nicht):

Perché no?	Warum nicht?
Vuoi studiare o no?	Willst du lernen oder nicht?

Fragen

Im Fragesatz tritt gewöhnlich das
Prädikat vor das Subjekt:
È arrivata tua madre?
Ist deine Mutter angekommen?
Ha studiato tuo fratello?
Hat dein Bruder studiert?

Es kann aber auch die Wortstellung des
Aussagesatzes beibehalten werden,

wobei der Frageton erkennen läßt, daß es sich um eine Frage handelt:

Tua madre è arrivata?
Ist deine Mutter angekommen?
Tuo fratello ha studiato?
Hat dein Bruder studiert?

Fragesätze mit **perché** (warum) haben ebenfalls häufig die Wortstellung des Aussagesatzes:

Perché non è venuto tuo padre?
Warum ist dein Vater nicht gekommen?

Nachfolgend eine Liste von Fragen, die mit den gebräuchlichen Fragewörtern (Interrogativpronomen) beginnen.

Chi è?
Wer ist es? Wer ist da?
Chi avete invitato?
Wen habt ihr eingeladen?
A chi scrivi?
Wem schreibst du?

Che cosa vuoi sapere?
Was möchtest du wissen?
Di che cosa si tratta?
Worum handelt es sich?
A che cosa pensi?
Woran denkst du?
Che libro vuoi comprare?
Welches Buch möchtest du kaufen?
In che città è nato?
In welcher Stadt ist er geboren?

Quale dei due è suo amico?
Welcher von beiden ist sein Freund?
In quale cinema andiamo?
In welches Kino gehen wir?
Ecco tre dischi. Quale vuoi?
Da hast du drei Schallplatten. Welche möchtest du?

Quanto costa questo vestito?
Wieviel kostet dieses Kleid?
Quante lingue parli?
Wie viele Sprachen sprichst du?
Quanti sono venuti?
Wie viele sind gekommen?

chi fragt nach Personen.
che cosa fragt nach Sachen.

che (vor einem Substantiv) fragt nach Eigenschaft oder Art von Personen und Sachen.
quale (E), **quali** (M) fragt nach Personen oder Sachen aus einer bestimmten Anzahl.
quanto(a) (E), **quanti(e)** (M) fragt nach der Anzahl oder Menge bei Personen und Sachen.

Unregelmäßige Verben

Hier sind die Präsensformen einiger unregelmäßiger Verben, dazu die Ich-Formen des Futurs und Perfekts. Versuche diese Verben auswendig zu lernen - jeweils eins oder zwei auf einmal - da du sie voraussichtlich ziemlich häufig brauchen wirst.

andare	gehen
vado	
vai	
va	
andiamo	
andate	
vanno	
Futur: **andrò**	Perfekt: **sono andato**

avere	haben
ho	
hai	
ha	
abbiamo	
avete	
hanno	
Futur: **avrò**	Perfekt: **ho avuto**

bere	trinken
bevo	
bevi	
beve	
beviamo	
bevete	
bevono	
Futur: **berrò**	Perfekt: **ho bevuto**

dare	geben	**potere**	können
do		**posso**	
dai		**puoi**	
dà		**può**	
diamo		**possiamo**	
date		**potete**	
danno		**possono**	
Futur: **darò** Perfekt: **ho dato**		Futur: **potrò** Perfekt: **ho potuto**	
dire	sagen	**rimanere**	bleiben
dico		**rimango**	
dici		**rimani**	
dice		**rimane**	
diciamo		**rimaniano**	
dite		**rimanete**	
dicono		**rimangono**	
Futur: **dirò** Perfekt: **ho detto**		Futur: **rimarrò** Perfekt: **sono rimasto**	
dovere	müssen	**salire**	(be)steigen
devo/debbo		**salgo**	
devi		**sali**	
deve		**sale**	
dobbiamo		**saliamo**	
dovete		**salite**	
devono/debbono		**salgono**	
Futur: **dovrò** Perfekt: **ho dovuto**		Futur: **salirò** Perfekt: **ho/sono salito**	
fare	machen	**sapere**	wissen
faccio		**so**	
fai		**sai**	
fa		**sa**	
facciamo		**sappiamo**	
fate		**sapete**	
fanno		**sanno**	
Futur: **farò** Perfekt: **ho fatto**		Futur: **saprò** Perfekt: **ho saputo**	
porre	setzen, stellen, legen	**scegliere**	(aus)wählen
pongo		**scelgo**	
poni		**scegli**	
pone		**sceglie**	
poniamo		**scegliamo**	
ponete		**scegliete**	
pongono		**scelgono**	
Futur: **porrò** Perfekt: **ho posto**		Futur: **sceglierò** Perfekt: **ho scelto**	

103

sedersi	sich setzen	**trarre**	ziehen
mi siedo		**traggo**	
ti siedi		**trai**	
si siede		**trae**	
ci sediamo		**traiamo**	
vi sedete		**traete**	
si siedono		**traggono**	

Futur: **mi sederò** Perfekt: **mi sono seduto**   Futur: **trarrò**   Perfekt: **ho tratto**

stare	stehen, sein	**uscire**	(hin)ausgehen
sto		**esco**	
stai		**esci**	
sta		**esce**	
stiamo		**usciamo**	
state		**uscite**	
stanno		**escono**	

Futur: **starò**   Perfekt: **sono stato**   Futur: **uscirò**   Perfekt: **sono uscito**

tacere	schweigen	**valere**	wert sein, gelten
taccio		**valgo**	
taci		**vali**	
tace		**vale**	
taciamo		**valiamo**	
tacete		**valete**	
tacciono		**valgono**	

Futur: **tacerò**   Perfekt: **ho taciuto**   Futur: **varrò**   Perfekt: **ho valso**

tenere	halten	**venire**	kommen
tengo		**vengo**	
tieni		**vieni**	
tiene		**viene**	
teniamo		**veniamo**	
tenete		**venite**	
tengono		**vengono**	

Futur: **terrò**   Perfekt: **ho tenuto**   Futur: **verrò**   Perfekt: **sono venuto**

togliere	wegnehmen	**volere**	wollen
tolgo		**voglio**	
togli		**vuoi**	
toglie		**vuole**	
togliamo		**vogliamo**	
togliete		**volete**	
tolgono		**vogliono**	

Futur: **toglierò**   Perfekt: **ho tolto**   Futur: **vorrò**   Perfekt: **ho voluto**

Erklärung der Redewendungen

Im bebilderten Teil kommen immer wieder kurze Sätze oder Begriffe vor, die vom Deutschen abweichen. Vielleicht kannst du sie dir besser merken, wenn du sie hier näher erklärt bekommst. Grammatikalische Besonderheiten, die im Grammatikteil (Seite 96-104) nicht aufgeführt sind, werden hier erläutert.

Seite 4
dare un bacetto ein Küßchen geben

bacetto ist die Verkleinerungsform von **bacio** (der Kuß). Die Verkleinerung eines Substantives geschieht durch das Anhängen von **-etto (il sacco, il sacchetto)** oder von **-ino (una ragazza, una ragazzina)**.

Seite 5
mi chiamo Ich heiße; wörtlich: ich nenne mich.

Chiamarsi ist ein reflexives Verb. Im Infinitiv wird das Reflexivpronomen (**mi, ti, si, ci, vi, si**) angehängt. Ansonsten steht es vor dem Verb.

mi chiamo, ti chiami, si chiama, ci chiamiamo, vi chiamate, si chiamano.

Ho diciannove anni Ich bin neunzehn Jahre alt.

Das Alter wird mit dem Verb **avere** ausgedrückt. (»Ich habe 19 Jahre.«)

Seite 9
portare i baffi einen Schnurrbart tragen
portare la barba einen Bart tragen
portare gli occhiali eine Brille tragen

Im Gegensatz zum Deutschen steht hier der bestimmte Artikel.

Seite 20
lo shampoo, gli shampoo
das Shampoo

Substantiva, die aus einer anderen Sprache übernommen wurden, bleiben im Plural unverändert.

il make-up, i make-up
il check-in, i check-in
il duty free shop, i duty free shop

la boutique, le boutique
la mannequin, le mannequin

Seite 24
fare scorrere l'acqua del bagno
das Badewasser einlaufen lassen

Nach dem Verb **fare** steht der reine Infinitiv.

Das gleiche gilt für folgende Verben:
volere = wollen
dovere = müssen
lasciare = lassen
desiderare = wünschen
preferire = vorziehen
osare = wagen
potere = können
sapere = wissen

Ansonsten wird der Infinitiv mit den Präpositionen **di**, **a** (**ad** vor einem Vokal) und **da** an Substantive, Adjektive und Verben angeschlossen:

Sono contento di riuscire.
Ich freue mich, daß es mir gelingt.
Penso di potere venire con voi.
Ich denke, daß ich mit euch kommen kann.
Vado a lavorare.
Ich gehe arbeiten.
Cominciamo a mangiare.
Fangen wir zu essen an.

Die Präposition **da** dient zur Angabe von Zweck und Bestimmung eines Substantives:

una macchina da scrivere
eine Schreibmaschine
una somma da pagare
eine zu zahlende Summe

Seite 26
Servitevi! Greif zu!

Beim bejahten Imperativ der 2. Person Singular und Plural und in der 1. Person Plural werden unbetonte Objektformen angehängt:

leggimi! Lies mir vor!
datelo a me! oder **datemelo!** Gebt es mir!

Seite 35
suonare il piano Klavier spielen

Während im Deutschen kein Artikel steht, wird im Italienischen beim Spielen von Musikinstrumenten der bestimmte Artikel verwendet:

suonare la chitarra Gitarre spielen
suonare il violino Violine spielen
suonare la tromba Trompete spielen

giocare alle carte Karten spielen

Handelt es sich um ein Spiel spielen, dann steht im Italienischen vor dem Spiel **a** + Artikel:

giocare agli scacchi Schach spielen
giocare alla dama Dame spielen
giocare al calcio Fußball spielen
giocare al golf Golf spielen

Die Präposition **a** verschmilzt mit dem nachfolgenden Artikel zu einem Wort:

a +	il	lo	l'	la	i	gli	le
ergibt	al	allo	all'	alla	ai	agli	alle

Seite 37
servizio compreso (mit Bedienung)

Die wörtliche Übersetzung lautet: Bedienung inbegriffen.

Seite 46
il portalettere (der Briefträger)

Plural: **i portalettere**
Der Plural ist unverändert, wenn das Substantiv (**lettere**) bereits im Plural steht.

lo stuzzicadenti, gli stuzzicadenti
(der Zahnstocher)
il paracadute, i paracadute
(der Fallschirm)

Seite 47
la banconota (der Geldschein)

Plural: **le banconote**
Die meisten zusammengesetzten Substantive bilden den Plural wie einfache Substantive:

l'asciugamano   **gli asciugamani**
das Handtuch

il marciapiede   **i marciapiedi**
der Gehsteig
l'arcobaleno   **gli arcobaleni**
der Regenbogen
l'altoparlante   **gli altoparlanti**
der Lautsprecher
il passaporto   **i passaporti**
der Reisepaß
il grattacielo   **i grattacieli**
der Wolkenkratzer

Seite 49
Briefanschrift:

An eine einzelne Person lautet die Anschrift:

Sig. Giorgio Casari oder
Signor Giorgio Casari
Sig.ra Maria Casari oder
Signora Maria Casari
Sig.na Sandra Casari oder
Signorina Sandra Casari

Die höfliche Anrede lautet:

Egregio Signore,
Sehr geehrter Herr ...,
Egregi Signori,
Sehr geehrte Herren,
Sehr geehrte Damen und Herren,
Gentile Signora,
Sehr geehrte Frau ...,
Gentile Signorina,
Sehr geehrtes Fräulein ...,

Unter Freunden und Verwandten lautet die Anrede: **Caro ..., Cara ...,**

Die Höflichkeitsform wird in Geschäftsbriefen mit der 2. Person Plural ausgedrückt, wobei das Pronomen groß geschrieben wird.

Voi, Vi, Vostro, Vostri, Vostre.

Grußformen:

Con distinti saluti Mit freundlichen
                                           Grüßen
Distinti saluti Freundliche Grüße
Cordiali saluti Herzliche Grüße

Seite 50
andare in autobus mit dem Bus fahren

Während im Deutschen bei Fahrzeugen »mit« steht, steht im Italienischen **in**.

andare in bicicletta
mit dem Fahrrad fahren
andare in aereo
mit dem Flugzeug reisen
andare in treno
mit dem Zug fahren

Seite 54
il deposito bagagli
die Gepäckaufbewahrung

Der Plural davon lautet:
i depositi bagagli

Bei zusammengehörigen Substantiven bleibt das zweite Hauptwort im Plural meist unverändert. Das gleiche gilt für

Seite 55
la rete portabagagli
das Gepäcknetz

Das zweite Hauptwort bleibt in der Einzahl.

il vagone letto	**i vagoni letto**
der Schlafwagen	
il vagone ristorante	**i vagoni ristorante**
der Speisewagen	

Seite 67
l'avvocatessa (die Anwältin) ist die weibliche Form von **l'avvocato**.
Analog dazu:

il professore	**la professoressa**
il dottore	**la dottoressa**
lo studente	**la studentessa**

Seite 74
Mengenangaben werden mit **di** gebildet:

un litro di latte	ein Liter Milch
un metro di stoffa	ein Meter Stoff
una tazza di caffè	eine Tasse Kaffee
un chilo di patate	ein Kilo Kartoffeln

Seite 81
Für das Datum werden die Grundzahlen verwendet. Nur für den Ersten des Monats steht die Ordnungszahl:

mercoledì, 3 (tre) agosto 1990
25 (venticinque) gennaio 1917
Roma, 1° (primo) maggio 1989

Seite 82
fare wird für unpersönliche Ausdrücke verwendet.

fa freddo	es ist kalt
fa caldo	es ist warm
si fa giorno	es wird hell
si fa buio	es wird dunkel

Vergangenheit:

ha fatto freddo	es ist kalt gewesen
ha fatto caldo	es ist warm gewesen
si è fatto giorno	es ist hell geworden, es ist hell
si è fatto buio	es ist dunkel geworden, es ist dunkel

farsi: reflexives Verb mit **essere** in der Vergangenheit.

Seite 83
Zeitangaben mit der Präposition **a** (um, bis):

alle tre	um drei
a mezzanotte	um Mitternacht
ai primi di marzo	Anfang März
A presto!	Bis bald!

Zeitangaben mit der Präposition **in** (am, in):

nel pomeriggio	am Nachmittag
nel futuro	in der Zukunft
nel 1990	im Jahre 1990
in un anno	in einem Jahr
in tre settimane	in drei Wochen

Seite 85
Das unpersönliche Verb **ci + essere** (**c'è** im Singular und **ci sono** im Plural) entspricht dem deutschen »es gibt«, »es hat«, »es sind da«.

C'è gente.	Es sind Leute da.
Ci sono molti studenti.	Es sind viele Studenten da.

Non c'è più acqua.	Es ist kein Wasser mehr da.
C'è il sole.	Die Sonne scheint.
C'è vento.	Es windet.
C'è nebbia.	Es ist neblig.

Seite 91
Die Präposition **di** (aus) bezeichnet das Material, aus dem etwas besteht:

un giocattolo di legno
ein Spielzeug aus Holz, ein Holzspielzeug
un anello d'argento
ein Silberring
un orologio d'oro
eine goldene Uhr
una camica di cotone
ein Baumwollhemd

Aussprachehilfen

Wortbetonung

Im Italienischen liegt die Betonung in der Regel auf der **vorletzten** Silbe:
la ragazza (das Mädchen), **il cappello** (der Hut), **malgrado** (trotz), **venire** (kommen), **lavorare** (arbeiten).

Abweichungen:

Folgende Wörter werden auf der **drittletzten** Silbe betont: **facile** (leicht), **giovane** (jung), **tavola** (Tisch), **telefono** (Telefon), **stupidaggine** (Dummheit), **Genova** (Genua), **Veneto** (Venetien).

Dasselbe gilt für die Verben in der 3. Person Plural:
mangiano, **lavorano**, **vengono**, **prendono**, **sentono** usw.

Bei folgenden Wörtern wird die **letzte** Silbe betont, die durch einen Akzent gekennzeichnet ist:
la città (die Stadt), **la gioventù** (die Jugend), **il caffè** (der Kaffee), **più** (mehr), **perché** (warum).

Dasselbe gilt für die Verben in der 1. und 3. Person Singular im Futur:
parlerò (ich werde reden), **farà** (er wird machen), **vedrò** ich werde sehen) usw.

An das Verb angehängte Personalpronomen haben keinen Einfluß auf die Betonung:
mostra! (zeig!)
mostraglielo! (zeig es ihm!)
mangia! (iß!)
mangilo! (iß es!)

a wird in betonten Silben lang, jedoch heller als im Deutschen (**pane**) gesprochen. In unbetonten Silben (**mattino**) jedoch kurz.

e und **o** haben eine offene oder geschlossene Aussprache. Das offene **e** (**sette,sella**) entspricht dem deutschen **ä**; das geschlossene **e** (**tema**) wird ausgesprochen wie das deutsche **e** in dem Wort Schn**ee**. Das offene **o** (**rosa**) entspricht dem deutschen **o** in dem Wort S**o**nne; dasgeschlossene **o** (**sole**) wird wie das **o** in dem Wort **O**fen gesprochen.

i wird in offener, betonter Silbe gedehnt gesprochen (**bimbo**). Es entspricht dem deutschen **i** in den Wörtern w**i**r, B**i**er. Hingegen wird es kurz ausgesprochen vor einer Mitlautgruppe (**limpido**), in einsilbigen Wörtern (**sì**, **mi**) und am Wortende (**fili**, **sorridi**).

u entspricht dem gedehnten **u** in dem Wort R**u**he: **uso, furto.**

ai, au, ei, eu werden nicht wie im Deutschen zusammengezogen, son- dernjeder Laut wird für sich ausge- sprochen.

c wird vor den dunklen Vokalen **a, o** und **u** sowie vor Konsonanten wie **k** gesprochen (**casa, colore, curioso, credere**), vor den hellen Vokalen **e** und **i** hingegen wie **tsche** und **tschi** (**cento, cinema, cioccolata, ba- ciare**).

ch steht nur vor **e** und **i** und wird **k** ausgesprochen (**chiamare, chiaro,cerchi**).

g wird vor den dunklen Vokalen **a, o** und **u** sowie vor Konsonanten wie **g** ausgesprochen (**gola, gallo, guardia, globo**), vor den hellen Vokalen **e** und **i** klingt es wie eine Mischung von **d** und dem weichen Zischlaut wie in Journal: **Giardino, giorno, giusto.**

gh steht nur vor den hellen Vokalen **e** und **i** und wird wie **g** ausgesprochen (**ghiaccio, ghetto, spighe**).

gl wird vor **i** wie **lj** ausgesprochen (**figlio**). Zu Beginn eines Wortes wird es wie **gl** gesprochen (**glicerina**). Eine Ausnahme stellt das Personalprono- men und der Artikel **gli** dar, der **lj** gesprochen wird.

gn wird meist wie **nj** ausgesprochen (**lavagna, bagno**).

h ist immer stumm (**ho, hanno**).

qu wird wie **k + u** ausgesprochen (**quando, questo, cinque**).

r ist als Zungen-R zu rollen (**radio, dirigere, retto**).

s ist am Wortanfang vor Vokalen (**sala, sera**) und vor stimmlosenKonsonan- ten (**scala, strada**) stimmlos, d.h. scharf, wie **ss** in dem deutschen Wort E**ss**en. Stimmhaft, weich ist es hingegen vor stimmhaften Konsonanten(**smettere, snello, svelto, sgarbato**), also in Verbindungen wie **sb, sd, sg, sl, sm, sn, sr, sv.**

sc wird vor den Vokalen **a, o** und **u** wie **sk** ausgesprochen (**scambio, sconten- to, scusare**), vor **e** und **i** hingegen wie **sche** und **schi** (**scena, scimmia**). In den Verbindungen **scia, scio, sciu** ist das **i** stumm (**sciagura, sciòpero, sciupare**).

sch steht nur vor den Vokalen **e** und **i** und wird wie **sk** ausgesprochen(**schiena**).

v wird wie **w** gesprochen (**vero, votare, vulnerabile**).

z wird meist stimmlos-scharf ausge- sprochen wie **ds** (**zio, ozio**), manch- mal aber auch stimmhaft (**zelo, zaino**), wofür es aber keine Regel gibt.

Alphabetischer Wortschatz

A

der **Abend**	la sera
das **Abendessen**	la cena
acht Uhr **abends**	le otto di sera
der **Abfalleimer**	il secchio delle immondizie
Abflug	Partenze
der/die **Abgeordnete**	il/ la deputato (a)
der **Abhang**	il pendio
Geld **abheben**	ritirare denaro
abnehmen (Hörer)	staccare
die **Abteilung**	il reparto
sich **abtrocknen**	asciugarsi
abtrocknen	asciugare
abwaschen	lavare i piatti
abziehen	sottrarre
der **Adler**	l'aquila
die **Adresse**	l'indirizzo
der **Affe**	la scimmia
Afrika	l'Africa
die **Agenda**	l'agenda
albern	sciocco (a)
allein	solo (a)
das **Alphabet**	l'alfabeto
alt	vecchio (a)
genauso **alt** wie	la stessa età di
das **Alter**	l'età
das (Lebens)-**Alter**	la vecchiaia
älter	più vecchio
altmodisch	fuori moda
die **Ampel**	il semaforo
die **Amsel**	il merlo
anfahren	mettersi in moto
der **Anfang**	l'inizio
angehören	appartenere
die **Angel**	la canna da pesca
der **Angelhaken**	l'amo
angeln gehen	andare a pescare
die **Angelrute**	la canna da pesca
angeregt, lebendig	animato
der/die **Angestellte**	l'impiegato (a)
ängstlich	pauroso (a)
ein Taxi **anhalten**	chiamare un tassì
der **Anhänger**	l'etichetta
der **Anker**	l'ancora
Ankunft	Arrivi
anrufen	telefonare
Bitte **anschnallen**!	Vi prego di allacciare le cinture!
anstehen	fare la coda
die **Anzeige**	la pubblicità
sich **anziehen**	vestirsi
der **Apfel**	la mela
der **Apfelbaum**	il melo

die **Apfelsine**	l'arancia
die **Apotheke**	la farmacia
Guten **Appetit**!	Buon appetito!
die **Aprikose**	l'albicocca
April	aprile
der **Äquator**	l'equatore (m)
zur **Arbeit** gehen	andare al lavoro
arbeiten	lavorare
die **Arbeitslosigkeit**	la disoccupazione
der/die **Architekt**(in)	l'architetto (a)
der **Arm**	il braccio
das **Armband**	il braccialetto
die **Armbanduhr**	l'orologio da polso
der **Artikel**	l'articolo
der **Arzt**	il dottore
die **Ärztin**	la dottoressa
der **Ast**	il ramo
der **Atlantik**	l'Atlantico
auf	su
auf ... **zu**	verso
auffangen (Ball)	prendere
aufheben	raccogliere
auflegen (Hörer)	riattacare
aufpassen auf	sorvegliare
aufräumen	mettere in ordine
aufschlagen (Tennis)	servire
aufschlitzen	stracciare
aufstehen	alzarsi
aufstehen (morgens)	svegliarsi
auftreten	entrare in scena
aufwachen	svegliarsi
aufziehen (Vorhänge)	aprire le tendine
aufziehen	educare
der **Aufzug**	l'ascensore
das **Auge**	l'occhio
August	agosto
aus	da
Aus! (Tennis)	Fuori campo!
der **Ausblick**	il panorama
ausführen (Hund)	portare fuori
der **Ausgang**	l'uscita
Geld **ausgeben**	spendere soldi
ausleeren	vuotare
ausruhen	riposarsi
ausrutschen	scivolare
ausschalten	spegnere
aussteigen (Bus)	scendere
einen Scheck **ausstellen**	emettere un assegno
die **Ausstellung**	l'esposizione (w)
Australien	l'Australia
Ausverkauf	la svendita
ausziehen	sloggiare
sich **ausziehen**	svestirsi

das **Auto** — l'automobile (w)
die **Autobahn** — l'autostrada
das **Autorennen** — la corsa automobilistica

B
das **Baby** — il bebè
der **Bach** — il ruscello
der **Bäcker** — il fornaio
die **Bäckerei** — la panetteria
der **Backofen** — il forno
der **Bademantel** — l'accappatoio
die **Badematte** — lo scendibagno
der **Bademeister** — il bagnino
ein **Bad** nehmen — fare il bagno
die **Badewanne** — la vasca da bagno
das **Badezimmer** — il bagno
der **Bahnhof** — la stazione
der **Bahnsteig** — il marciapiede
die **Bahnsteigkarte** — il biglietto d'ingresso
der **Balkon** — il balcone
der **Ball** — la palla
das **Ballett** — il balletto
der/die **Ballett-**
  tänzer (in) — il/ la ballerino (a)
die **Banane** — la banana
die **Bank** — la banca
die **Bank** — la panchina
  (zum Sitzen)
der **Bankdirektor** — il gerente della banca
barfuß gehen — andare scalzo (a)
einen **Bart** haben — portare la barba
der **Bauch** — il ventre
der **Bauer** — il contadino
das **Bauernhaus** — la casa colonica
der **Bauernhof** — la fattoria
die **Bauersfrau** — la contadina
der **Baum** — l'albero
aus **Baumwolle** — di cotone
einen Telefonanruf — rispondere al
  beantworten — telefono
sich **bedanken** — ringraziare
bedienen — servire
sich **beeilen** — affrettarsi
die **Beerdigung** — il funerale
das (Gemüse-) — l'aiola (di ortaggi)
  Beet
der **Beginn** — il principio
Beifall klatschen — applaudire
das **Bein** — la gamba
bekommen — ricevere
belebt — animato (a)
belegt — completo (a)
Belgien — il Belgio

beliebt — popolare
bellen — abbaiare
das **Benzin** — la benzina
der **Berg** — la montagna
bergsteigen — fare alpinismo
der/die **Berg-**
  steiger(in) — l'alpinista
der **Beruf** — la professione
berühmt — famoso (a)
berühren — toccare
die **Besatzung** — l' equipaggio
beschäftigt — occupato (a)
beschleunigen — accelerare
besetzt sein — essere occupato
etwas **besichtigen** — visitare qualcosa
sich **besser** fühlen — sentirsi meglio
bestehen(Prüfung) — superare un esame
bestellen — ordinare
das **Bett** — il letto
ins **Bett** gehen — coricarsi
das **Bettlaken** — il lenzuolo
der **Bezirk** — il quartiere
die **Biene** — l'ape (w)
das **Bier** — la birra
das **Bild** — il dipinto
das **Bilderbuch** — il libro illustrato
die **Binde** — la fasciatura
die **Biologie** — la biologia
die **Birne** — la pera
Bis bald! — A presto!
blaß — pallido (a)
das **Blatt** (Baum) — la foglia
blau — azzurro (a)
der **Bleistift** — la matita
der **Blinker** — il lampeggiatore
der **Blitz** — il lampo
blond sein — essere biondo (a)
Blumen pflücken — cogliere dei fiori
das **Blumenbeet** — l'aiola di fiori
das **Blumengeschäft** — il negozio di fiori
der **Blumenkohl** — il cavolfiore
der **Blumenstrauß** — il mazzo di fiori
die **Blumenzwiebel** — il bulbo
die **Bluse** — la camicetta
die **Bohnen** — i fagioli
böse, verärgert — arrabbiato (a)
braten, kochen — cuocere
der **Braten** — l'arrosto
braun — marrone
ge**bräunt** (Haut) — abbronzato (a)
die **Braut** — la sposa
der **Bräutigam** — lo sposo
Bravo! — Bravo!
(sich er-) **brechen** — vomitare

sich das Bein **brechen**	rompersi la gamba
breit	largo (a)
die **Breite**	la larghezza
bremsen	frenare
das **Brettspiel**	il gioco da tavola
der **Brief**	la lettera
der **Briefkasten**	la buca delle lettere
die **Briefkasten-leerung**	la levata delle lettere
die **Briefmarke**	il francobollo
Briefmarken sammeln	collezionare francobolli
das **Briefpapier**	la carta da lettere
die **Brieftasche**	il portafoglio
der **Briefträger**	il portalettere
der **Briefumschlag**	la busta
eine **Brille** tragen	portare gli occhiali
(her-) **bringen**	portare
die **Brosche**	la spilla
das **Brot**	il pane
das **Brötchen**	il panino
der **Brotlaib**	la pagnotta
der **Bruch**	la frazione
die **Brücke**	il ponte
der **Bruder**	il fratello
die **Brühwurst**	la salsiccia
brüllen	ruggire
die **Brust**	il petto
brustschwimmen	nuotare a rana
das **Buch**	il libro
die **Bücherei**	la biblioteca
die **Buchhandlung**	la libreria
der **Buchstabe**	la lettera
die **Buch- und Schreibwaren-handlung**	la cartoleria-libreria
buddeln, graben	scavare
bügeln	stirare
die **Bühne**	il palcoscenico
das **Bühnenbild**	la scena
das **Bullauge**	l'oblò
bunt	multicolore
der **Bürgersteig**	il marciapiede
das **Büro**	l'ufficio
das **Bürogebäude**	il palazzo per uffici
die **Bürste**	la spazzola
sich die Haare **bürsten**	spazzolarsi i capelli
der **Bus**	l'autobus (m)
der **Busch**	il cespuglio
die **Bushaltestelle**	la fermata
der **Büstenhalter**	il reggiseno
die **Butter**	il burro

C

der **Campingplatz**	il campeggio
der **Check-in**	il check-in
Cello spielen	suonare il cello
der/die **Chef**(in)	il/ la padrone (a)
die **Chemie**	la chimica
China	la Cina
der **Chirurg**	il chirurgo
der **Chor**	il coro
der **Comic**	i fumetti (m/M)
der **Computer**	il computer

D

das **Dach**	il tetto
der **Dachboden**	la soffitta
die **Dahlie**	la dalia
damals, dann	allora
Dame spielen	giocare alla dama
Danke, gut.	Bene, grazie.
danken	ringraziare
das **Datum**	la data
der **Daumen**	il pollice
davonlaufen	scappare via
das **Deck**	la coperta
demokratisch	democratico (a)
der **Designer**	il disegnatore
die **Designerin**	la disegnatrice
deutsch	tedesco
Bundesrepublik Deutschland (BRD)	la Repubblica federale tedesca
Dezember	dicembre
die **Dichtung**	la poesia
dick	grasso (a)
Dienstag	martedì
der/die **Direktor**(in)	il direttore (trice)/ il/ la preside
der/die **Dirigent**(in)	il direttore d'orchestra
der **Disc-Jockey**	il disc-jockey
das **Dock**	il bacino
der **Dom**	il duomo
der **Donner**	il tuono
Donnerstag	giovedì
das **Doppelzimmer**	la camera a due letti
das **Dorf**	il paese
die **Dose**	la scatola di conserva
draußen, außen	fuori
das **Dreieck**	il triangolo
dringend	urgente
drinnen, innen	dentro
der **dritte**	il tre
das **Drittel**	il terzo

die **Drossel**	il tordo
drücken	spingere
der **Dschungel**	la giungla
duftend	profumato (a)
dumm	sciocco (a)
dunkel	scuro (a)
dunkelblau	blu
dunkelhäutig	di pelle scura
dünn	magro (a)
durch	per
durchfallen (Prüfung)	essere bocciato (a)
durchnäßt sein	essere bagnato
Durst haben	avere sete
die **Dusche**	la doccia
sich **duschen**	fare la doccia
der **Duty-free-Shop**	il duty free shop

E

die **Ecke**	l'angolo
die **Ehe**	il matrimonio
die **Ehefrau**	la moglie
der **Ehemann**	il marito
der **Ehering**	la fede
die **Eiche**	la quercia
das **Eichhörnchen**	lo scoiattolo
die **Eier**	le uova
Eier legen	deporre uova
der/die **Eigen-tümer**(in)	il/ la proprietario (a)
der (Abfall-) **Eimer**	il secchio delle immondizie
Einbahnstraße	la strada a senso unico
einfach	semplice
Einfahrt verboten	divieto di transito
der **Eingang**	l'ingresso
die **Eingangstür**	l'entrata
einkaufen gehen	fare la spesa
der **Einkaufskorb**	il cestino
die **Einkaufstasche**	la borsa della spesa
der **Einkaufswagen**	il carrello
einkleben	incollare
einladen	invitare
einschlafen	addormantarsi
einsteigen	salire/ imbarcarsi
jmd. **einstellen**	impiegare qualcuno
Einverstanden!	D'accordo!
die Post **einwerfen**	imbuccare
Geld **einzahlen**	fare un versamento alla cassa
das **Einzelzimmer**	la camera singola
einziehen	andare ad abitare
der **einzige** Sohn	il figlio unico
das **Eis**	il gelato

der **Eisbär**	l'orso bianco
die **Eisenbahn**	la ferrovia
der **Eisenbahnwagen**	la carozza
der **Eiszapfen**	il ghiacciolo
der **Elefant**	l'elefante (m)
der **Ell(en)bogen**	il gomito
die **Eltern**	i genitori
der **Empfang**	la réception
das **Ende**	la fine
eng	stretto (a)
englisch	inglese
der **Enkel**	il nipote
die **Enkelin**	la nipote
die **Ente**	l'anatra
entladen	scaricare
jemanden **entlassen**	licenziare qualcuno
entwischen	scappare via
die **Erbse**	il pisello
die **Erdbeere**	la fragola
die **Erde**	la terra
das **Erdgeschoß**	il pianterreno
die **Erdkunde**	la geografia
der **Erdteil**	il continente
halb **erfroren** (im übertragenen Sinn)	mezzo morto di freddo
erhalten	ricevere
erkältet sein	avere un raffreddore
ernten	raccogliere
erschrocken	timido
der **erste**	il primo
gut **erzogen**	ben educato (a)
der **Esel**	l'asino
das **Essen**	il mangiare
essen	mangiare
die **Essenszeit**	l'ora dia mangiare
der **Essig**	l'aceto
das **Eßzimmer**	la sala da pranzo
das **Etui**	l'astuccio
die **Eule**	la civetta
Europa	l'Europa

F

die **Fabrik**	la fabbrica
das **Fach** (Schule)	la materia
der **Faden**	il filo
die **Fähre**	il traghetto
fahren, lenken	guidare
der/die **Fahrer**(in)	l'autista
der **Fahrgast**	il passeggero
die **Fahrkarte**	il biglietto
der **Fahrkarten-automat**	il distributore auto- matico di biglietti
der **Fahrkarten-schalter**	la biglietteria

der **Fahrplan**	l'orario ferroviario
der **Fahrpreis**	il prezzo della corsa
das **Fahrrad**	la bicicletta
fallen lassen	lasciare cadere
falsch	falso (a)
falsch singen	stonare
die **Familie**	la famiglia
der **Familienname**	il cognome
die **Farbe**	il colore
der **Farbstift**	la matita colorata
faul	pigro (a)
Februar	febbraio
die **Feder**	la penna
das **Federbett**	il piumino
feiern	festeggiare
das **Feinkostgeschäft**	la salumeria
das (freie) **Feld**	il campo
das **Fell**	il pelo
der **Felsen**	lo scoglio
das **Fenster**	la finestra
Ferien machen	andare in vacanze
das **Fernrohr**	il telescopio
fernsehen	guardare la televisione
der **Fernsehapparat**	il televisore
die **Ferse**	il calcagno
Fertig.	Pronto.
das **Fest**	la festa
sich **festhalten**	tenersi
das **Feuer**	il fuoco
das **Feuerwehrauto**	la macchina dei pompieri
der **Feuerwehrmann**	il pompiere
die **Feuerwehrwache**	la stazione dei pompieri
Fieber haben	avere la febbre
Fieber messen	misurare la temperatura
das **Filetsteak**	la bistecca di filetto
der **Film**	il film
der **Finger**	il dito
der **Fisch**	il pesce
einen **Fisch** fangen	prendere un pesce
das **Fischerboot**	la barca da pesca
das **Fischgeschäft**	la pescheria
sich **fit** halten	tenersi in forma
flach, seicht	poco profondo (a)
die **Flagge**	la bandiera
die **Flasche**	la bottiglia
der blaue **Fleck**	il livido
das **Fleisch**	la carne
fleißig	diligente
flicken	rattoppare
die **Fliege**	la mosca
fliegen	volare
fliegen (Flugzeug)	andare in aereo
die **Flitterwochen**	la luna die miele
der **Flügel**	l'ala
der **Flughafen**	l'aeroporto
das **Flugticket**	il biglietto
das **Flugzeug**	l'aereo
ins **Flugzeug** steigen	salire a bordo
flüstern	bisbigliare
der **Fluß**	il fiume
der **Fön**	l'asciugacapelli (m)
sich **fönen**	asciugarsi
folgen	sequire
die **Forke**	il forcone
die **Form**	la forma
das **Formular**	il modulo
das **Foto**	la foto
der **Fotoapparat**	la macchina fotografica
der/die **Fotograf**(in)	il/ la fotografo (a)
die **Fotografie**	la fotografia
fotografieren	fotografare
das **Fotomodell**	il/ la modella
die **Fracht**	il carico
fragen	domandare
etwas **fragen**	chiedere qualcosa
Frankreich	la Francia
französisch	francese
die **Frau**	la donna
frech	impertinente
Freitag	venerdì
der **Freund**	l'amico
die **Freundin**	l'amica
freundlich	gentile
freundschaftlich	amichevole
der **Friedhof**	il cimitero
frisch	fresco (a)
der **Friseurladen**	il salone da parrucchiere
der **Friseur,** die Friseuse	il/ la parrucchiere (a)
fröhlich	allegro (a)
der **Frosch**	la rana
der **Frost**	il gelo
die **Frucht**	il frutto
der **Fruchtsaft**	il succo di frutta
morgen **früh**	domani mattina
früher, damals	allora
der **Frühling**	la primavera
das **Frühstück**	la colazione
der **Fuchs**	la volpe
füllen	riempire
der **Füller**	la penna
der **fünfte**	il cinque

der **Fuß**	il piede	(Hand-) **Gepäck**	il bagaglio a mano
zu **Fuß** gehen	andare a piedi	die **Gepäckauf-**	il deposito bagagli
der **Fußabstreifer**	la stuoina	**bewahrung**	
der **Fußball**	il pallone	das **Gepäcknetz**	la rete portabagagli
der **Fußballplatz**	il campo di calcio	der **Gepäckträger**	il facchino
der **Fußboden**	il pavimento	der **Gepäckwagen**	il bagagliaio
der **Fußgänger**	il pedone	**gepunktet**	a pallini
der **Fußgänger-**	le strice pedonali	**geradeaus** weiter-	continuare diritto
übergang		**fahren**	
die **Fußmatte**	lo zerbino	die **Geranie**	la gerania
füttern	dare da mangiare a	**gernhaben**	voler bene a
			qualcuno
G		die **Geschäfte**	i negozi
die **Gabel**	la forchetta	(**Läden**)	
gähnen	sbadigliare	das **Geschenk**	il regalo
der **Gang**	il corridoio	die **Geschichte**	la storia
die **Gangway**	il pontile d'approdo	**geschickt**	abile
die **Gans**	l'oca	das **Geschirrtuch**	l'asciugatoio
die **Garage**	il garage	**geschlossen**	chiuso (a)
die **Garderobe**	il guardaroba	der **Geschmack**	il sapore
im **Garten** arbeiten	lavorare in giardino	die **Gesellschaft**	la società
das **Garten-**	il casotto degli	das **Gesicht**	il viso
häuschen	attrezzi	**gestern**	ieri
die **Gartenschaufel**	la pala	**gestreift**	a righe
der/die **Gärtner**(in)	il/ la giardinere (a)	**gesund**	sano (a)
das **Gas**	il gas	**geteilt** durch	diviso per
der **Gast**	l'invitato	das **Getreide**	il grano
das **Gatter**	il recinto	mit **getrennter** Post	con plico separato
das **Gebäude**	l'edificio	das **Gewächshaus**	la serra
geboren werden	nascere	die **Gewerkschaft**	il sindacato
die **Geburt**	la nascita	das **Gewicht**	il peso
der **Geburtstag**	il compleanno	**gewinnen**	vincere
das **Gedicht**	la poesia	das **Gewitter**	il temporale
Gefallen haben an	divertirsi	die **Gewürze**	le spezie
gegen	contro	**gießen**	versare
gegenüber von	di fronte a	die **Gießkanne**	l'annaffiatoio
die **Gegenwart**	il presente	der **Gipfel**	la cima
gehen	andare, camminare	die **Giraffe**	la giraffa
das **Gehöft**	la fattoria	**Gitarre** spielen	suonare la chitarra
gehorsam	ubbidiente	das **Glas**	il bicchiere
Geige spielen	suonare il violino	das (**Goldfisch-**)	la vasca dei pesci
in **Gelächter** aus-	scoppiare in una	**Glas**	rossi
brechen	grande risata	**glatte** Haare	capelli lisci
schlecht **gelaunt**	di malumore	eine **Glatze** haben	essere calvo
gelb	giallo (a)	**gleich**, ähnlich	uguale
das **Geld**	il denaro	**gleichaltrig**	tanto veccchio
der **Geldbeutel**	il borsellino		quanto
der **Geldschein**	la bancanota	das **Gleis**	il binario
gelten	valere	die **Glocke**	il campanello
das **Gemälde**	il dipinto	**glücklich** sein	essere felice
das **Gemüse**	la verdura	Ein **glückliches**	Buon Anno!
der **Gemüsegarten**	l'orto	Neues Jahr!	
gemustert	a disegni	Herzlichen	Tanti Auguri!
die **Geografie**	la geografia	**Glückwunsch!**	

die **Glückwunsch-** karte	la cartolina d'auguri	das **Handgepäck**	il bagaglio a mano
aus **Gold**	d'oro	die **Handschuhe**	i guanti
die **Goldbrasse**	l'orata	die **Handtasche**	la borsa
der **Goldfisch**	il pesce rosso	das **Handtuch**	l'asciugamano
Golf spielen	giocare al golf	der **Hang**	il pendio
der **Golfschläger**	la mazza da golf	der **Hängeschrank**	la credenza
der **Gorilla**	il gorilla	die **Harke**	il rastrello
graben	scavare	**hart**	duro (a)
die **Grammatik**	la grammatica	Ich **hätte** gerne ...	Vorrei ...
das **Gras**	l'erba	das **Hauptgericht**	il piatto principale
gratulieren	fare gli auguri	die **Hauptstadt**	la capitale
grau	grigio (a)	die **Hauptstraße**	la strada principale
Greif zu!	Servitevi!	das **Haus**	la casa
groß	grande	das **Häuschen**	la casetta
groß sein	essere alto (a)	der **Hausdiener**	il portiere
Großbritannien	la Gran Bretagna	der **Hausmeister**	il portinaio
der **Großbuchstabe**	la maiuscola	die **Hausschuhe**	le pantofole
die **Größe**	la grandezza	der/die **Haus-** wirt(in)	il/ la proprietario (a)
die **Großmutter**	la nonna	die **Haut**	la pelle
der **Großvater**	il nonno	die **Hautfarbe**	il colorito
großzügig	generoso (a)	das **Hefeteilchen**	la brioche
grün	verde	das **Heft**	il quaderno
die **Grundschule**	la scuola elementare	das **Heftpflaster**	il cerotto
Mit freundlichen **Grüßen**	Con i migliori saluti ...	**heilen**	guarire
die **Gummistiefel**	gli stivali di gomma	der **Heilige** Abend	la vigilia di Natale
der **Gürtel**	la cintura	das **Heimwerken**	il fai da te
Gut! (Tennis)	Dentro!	die **Heirat**	il matrimonio
gut gegessen haben	avere mangiato bene	**heiraten**	sposarsi
Alles **Gute** ...	Tanti auguri ...	Mir ist es **heiß**.	Ho caldo.
der **Güterzug**	il treno merci	Ich **heiße** ...	Mi chiamo ...
das **Gymnasium**	il liceo	der **Heizkörper**	il radiatore
die **Gymnastik**	la ginnastica	der/die **Held**(in)	il/ la protagonista
		hell	chiaro
H		**hellhäutig**	di pelle chiara
das **Haar**	il capello	das **Hemd**	la camica
haben	avere	der **Herbst**	l'autunno
der **Hafen**	il porto	die **Herde**	la gregge
der **Hagel**	la grandine	das **Heu**	il fieno
der **Hahn**	il gallo	**heute**	oggi
das **Hähnchen**	il pollo	**heute** abend	stasera
halb	mezzo	**Hier** ist Carla.	Sono Carla.
die **Hälfte**	la metà	die **Himbeere**	il lampone
Hallo! (Telefon)	Pronto!	der **Himmel**	il cielo
der **Hals**	il collo	**hinauf**	su
die **Halskette**	la collana	**hinaufgehen**	salire
halten	tenere	**hinein**	in
der **Hammer**	il martello	sich **hinknien**	inginocchiarsi
der **Hamster**	il criceto	sich **hinlegen**	sdraiarsi
die **Hand**	la mano	**hinstellen**	posare
der **Handels-** vertreter	il rappresentante di commercio	**hinter**	dietro a
das **Handgelenk**	il polso	**hinunter**	giù
		hinuntergehen	scendere
		die **Hochzeit**	lo sposalizio

hocken	apollaiarsi
der **Höcker**	la gobba
der **Hof**	il cortile
Ich **hoffe**, dich bald zu sehen.	Spero di verderti presto.
die **Höhe**	l'altezza
aus **Holz**	di legno
der **Honig**	il miele
die **Honigmelone**	il melone
Musik **hören**	ascoltare musica
die (kurzen) **Hosen**	i pantaloni
das **Hotel**	l'albergo
im **Hotel** wohnen	stare in albergo
hübsch	carino (a)
der **Hügel**	la collina
das **Huhn**	il pollo
der **Hühnerstall**	il pollaio
der **Hund**	il cane
die **Hundehütte**	il canile
Hunger haben	aver fame
die **Hupe**	il clacson
der **Hut**	il cappello

I

ich	io
der **Igel**	il riccio
in, im	in
Indien	l'India
die **Informatik**	l'informatica
die **Innenstadt**	il centro
das **Instrument**	lo strumento
interessant	interessante
interviewen	intervistare
Italien	l'Italia
italienisch	italiano

J

ja	sì
die **Jacke**	la giacca
jagen	cacciare
das **Jahr**	l'anno
die **Jahreszeit**	la stagione
Januar	gennaio
Japan	il Giappone
Unkraut **jäten**	sarchiare l'erbaccia
die **Jeans**	i jeans (m/M)
jetzt	ora
joggen	praticare il jogging
die **Joggingschuhe**	le scarpe da jogging
der **Joghurt**	lo iogurt
der/die **Journalist**(in)	il/ la giornalista
Juli	luglio
jung	giovane
der **Junge**	il ragazzo

jünger als	più giovane di
Juni	giugno

K

der **Kabeljau**	il merluzzo
die **Kabine**	la cabina
der **Kaffee**	il caffè
die **Kaffeekanne**	la caffettiera
der **Käfig**	la gabbia
das **Kalb**	il vitello
das **Kalbfleisch**	la carne di vitello
der **Kalender**	il calendario
Es ist **kalt**.	Fa freddo.
das **Kamel**	il cammello
der **Kamin**	il caminetto
der **Kamm**	il pettine
sich **kämmen**	pettinarsi
Kanada	il Canada
der **Kanal**	il canale
das **Känguruh**	il canguro
das **Kaninchen**	il coniglio
das **Kanu**	la canoa
der **Kapitän**	il capitano
die **Karotte**	la carota
Karten spielen	giocare alle carte
die **Kartoffel**	la patata
das **Karussell**	il carosello
der **Käse**	il formaggio
die **Kasse**	la cassa
der **Kassenzettel**	lo scontrino
die **Kasserolle**	la pentola
die **Kassette**	la cassetta
der **Kassetten-recorder**	il registratore a cassette
der/die **Kassierer**(in)	il/ la cassiere (a)
das **Kätzchen**	il gattino
die **Kathedrale**	il duomo
die **Katze**	il gatto
kaufen	comprare
das **Kaufhaus**	i grandi maggazzini
der **Kegel**	il cono
der **Keks**	il biscotto
der **Keller**	la cantina
der/die **Kellner**(in)	il/ la cameriere (a)
kentern	capovolgersi
die **Kerze**	la candela
Ein **Kilo** ...	Un chilo di ...
die **Kinder**	i figli
das **Kinderbett**	la culla
der **Kindergarten**	la scuola materna
der **Kinderwagen**	la carrozzina
die **Kindheit**	l'infanzia
das **Kinn**	il mento
das **Kino**	il cinema

der **Kiosk**	il chiosco
die **Kirche**	la chiesa
die **Kirsche**	la ciliegia
das **Klassenzimmer**	la classe
die **klassische** Musik	la musica classica
klatschen	applaudire
der **Klatschmohn**	il papavero
klatschnaß	bagnato come un pulcino
Klavier spielen	suonare il piano
kleben	incollare
das **Kleid**	il vestito
die **Kleidung**	l'abbigliamento
klein	piccolo (a)
Haben Sie **Kleingeld?**	Ha spiccioli?
der **Klempner**	l'idraulico
klettern	arrampicarsi
das **Klima**	il clima
die **Klingel**	il campanello
klingeln (Tätigkeit)	suonare il campanello
klingeln (Telefon)	squillare
das **Knie**	il ginocchio
knien	stare in ginocchio
der **Knoblauch**	l'aglio
der **Knöchel**	il malleolo
der **Knopf**	il bottone
knurren	ringhiare
braten, **kochen**	cucinare
der **Kocher**	il fornello
der **Kochtopf**	la pentola
der **Köder**	l'esca
der **Koffer**	la valigia
Koffer packen	fare le valige
der **Kofferanhänger**	l'etichetta
der **Kofferraum**	il portabagagli
der **Kohl**	il cavolo
komisch	buffo (a)
spät **kommen**	essere in ritardo
die **Konditorei**	la pasticceria
konservativ	conservatore
die **Konserve**	il cibo in scatola
der **Kontinent**	il continente
der **Kontrolleur**	il controllore
der **Kopf**	la testa
der **Kopfhörer**	la cuffia
das **Kopfkissen**	il guanciale
der **Korb**	il cesto
der **Körper**	il corpo
Das **kostet** ...	Costa ...
Sehr, sehr **köstlich**!	Squisito!
das (Schweine-)	la costoletta di

Kotelett	maiale
die **Kralle**	l'artiglio
das **Krankenhaus**	l'ospedale (m)
die **Krankenschwester**	l'infermiera
die **Krankentrage**	la barella
der **Krankenwagen**	l'ambulanza
der **Krapfen**	il bombolone
kraulen (Schwimmstil)	nuotare a crawl
die **Krawatte**	la cravatta
der **Krebs**	il gambero
die **Kreditkarte**	la carta di credito
die **Kreide**	il gesso
der **Kreis**	il cerchio
der **Krug**	la brocca
die **Küche**	la cucina
der **Küchenschrank**	la credenza
der **Kugelschreiber**	la biro
die **Kuh**	la vacca
der **Kühlschrank**	il frigorifero
die **Kulisse**	la scena
der/die **Kunde** (in)	il/ la cliente (a)
die **Kunstgalerie**	la galleria d'arte
kurz	corto (a)
das **Kurzwarengeschäft**	la merceria
die **Kusine**	la cugina
einen **Kuß** geben	dare un bacetto
L	
lächeln	sorridere
lachen	ridere
laden	caricare
der/die **Ladenbesitzer**(in)	il/ la negoziante
der **Laderaum**	la stiva
die **Ladung**	il carico
das **Laken**	il lenzuolo
das **Lamm**	l'agnello
die **Lampe**	la lampada
das **Land**	il paese
das **Land** (im Gegensatz zur Stadt)	la campagna
das **Landhaus**	la casa di campagna
landen	atterrare
die **Landkarte**	la carta geografica
die **Landschaft**	il paesaggio
die **Landstraße**	la strada maestra
lang	lungo (a)
die **Länge**	la lunghezza
langsam	piano (a)
langweilig	noioso (a)
der **Lastwagen**	l'autocarro

der **Lastwagen-**fahrer	il camionista	die **Luftpost**	posta aerea
Lateinamerika	l'America latina	per **Luftpost**	per via aerea
die **Latzhose**	le salopette		
laufen	correre	**M**	
laut, lärmend	rumoroso (a)	**machen**	fare
der **Lautsprecher**	l'altoparlante (m)	das **Mädchen**	la ragazza
das **Leben**	la vita	der **Magen**	lo stomaco
das **Lebensmittel-**geschäft	il negozio di alimentari	**Mai**	maggio
lebhaft	vivace	das **Make-up**	il fondotinta
leer	vuoto (a)	**mal** (Mathematik)	per
leeren	vuotare	**malen**	dipingere
lehren, unterrichten	insegnare	der **Maler**	il pittore
der/die **Lehrer**(in) (Grundschule)	il/ la maestro (a)	**malnehmen**	moltiplicare
		der **Mann**	l'uomo
der/die **Lehrerin**	l'insegnante	das **Mannequin**	il/ la mannequin
leicht	facile	die **Mannschaft**	la squadra
leicht sein	essere leggero (a)	der **Mantel**	il cappotto
die **Leichtathletik**	l'atletica leggera	die **Margarine**	la margarina
die **Leiter**	la scala	die **Margerite**	la margherita
das **Lenkrad**	il volante	der **Markt**	il mercato
lernen	studiare	der **Marktstand**	il banco di vendita
lesen	leggere	die **Marmelade**	la marmellata
letzte(r)	ultimo (a)	**März**	marzo
leuchtend	vivo (a)	die **Mathematik**	la matematica
die **Libelle**	la libellula	der **Matrose**	il marinaio
liberal	liberale	der **Maulwurf**	la talpa
das **Licht**	la luce	der **Maurer**	il muratore
das **Licht** anmachen	accendere la luce	die **Maus**	il topo
Liebe Carla, ...	Cara Carla, ...	der **Mechaniker**	il meccanico
jemanden **lieben**	amare qualcuno	die **Medien**	i mass-media
lieb haben	voler bene a	das **Meer**	il mare
der **Lieferwagen**	il furgone	die **Meeresfrüchte**	i frutti di mare
liegen	essere disteso	das **Meerschwein-**chen	il porcellino d'India
der (Sessel-) **Lift**	la seggiovia	das **Mehl**	la farina
lila	lilla	**melken**	mungere
das **Lineal**	la riga	die **Melodie**	la melodia
die **linke** Seite	la parte sinistra	die **Melone**	il melone
links (Partei)	di sinistra	die **Menge**, die Menschengruppe	la folla
links abbiegen	voltare a sinistra		
die **Linse**	la lenticchia	**messen**	misurare
die **Lippe**	il labbro	das **Messer**	il coltello
der **Lippenstift**	il rossetto	aus **Metall**	di metallo
eine **Liste** machen	fare una lista	der **Meter**	il metro
der **Liter**	il litro	der/die **Metzger**(in)	il/ la macellaio (a)
lockige Haare	capelli ricciuti	**miauen**	miagolare
der **Löffel**	il cucchiaio	der **Mieter**	il locatario
der **Lohn**	il salario	das **Mietshaus**	il caseggiato
die **Lokomotive**	la locomotiva	die **Milch**	il latte
löschen, entladen	scaricare	die **Milchstraße**	la via lattea
losfahren	mettersi in moto	das **Mineralwasser**	l'acqua minerale
der **Löwe**	il leone	der **Minister-**präsident	il primo ministro
der **Luftballon**	il palloncino	**minus**	meno

die **Minute**	il minuto
mischen	mescolare
mit	con
das **Mitglied**	il membro
Mitglied werden	diventare membro
Mittag	mezzogiorno
das **Mittagessen**	il pranzo
aus der **Mitte**	dal centro
die **Mitteilung**	l'informazione
mittel	medio (a)
Mitternacht	mezzanotte
Mittwoch	mercoledì
Möbel	i mobili
das **Modegeschäft**	il negozio di mode
modisch	alla moda
der **Monat**	il mese
die **Monatskarte**	l'abonnamento
der **Mond**	la luna
Montag	lunedì
das **Moped**	il ciclomotore
heute **morgen**	stamattina
der **Morgen**	mattino
morgen	domani
das **Morgengrauen**	l'alba
der **Morgenmantel**	la vestaglia
Guten **Morgen!**	Buon giorno!
acht Uhr **morgens**	le otto di mattina
das **Motorboot**	il motoscafo
die **Motorhaube**	il cofano del motore
das **Motorrad**	la motocicletta
einen **Motor-** schaden haben	avere un guasto al motore
die **Möwe**	il gabbiano
die **Mücke**	il moscerino/ la zanzara
müde sein	aver sonno
der **Mülleimer**	il secchio delle immondizie
der **Müllmann**	lo spazzino
multiplizieren	moltiplicare
der **Mund**	la bocca
das **Münster**	il duomo
die **Münze**	la moneta
die **Muschel**	la conchiglia
die **Musik**	la musica
der/die **Musiker**(in)	il/ la musicista
das **Muster**	il disegno
mutig	coraggioso (a)
die **Mutter**	la madre
die **Mütze**	il berretto

N

nach	dopo
der/die **Nachbar**(in)	il/ la vicino (a)
nachlässig, unordentlich	negligente
der **Nachmittag**	il pomeriggio
der **Nachname**	il cognome
die **Nachrichten**	le informazioni
die **Nachspeise**	il dolce
nächsten Montag	lunedì prossimo
am **nächsten** Tag	il giorno seguente
die **Nacht**	la notte
Gute **Nacht!**	Buona notte!
das **Nachthemd**	la camicia da notte
der **Nachttisch**	il comodino
nackt	nudo (a)
die (Näh-) **Nadel**	l'ago
nähen	cucire
nahe an	vicino a
der **Name**	il nome
die **Narzisse**	il narciso
die **Nase**	il naso
der **Nebel**	la nebbia
neben	accanto a
der **Neffe**	il nipote
nein	no
das **Nest**	il nido
das **Netz**	la rete
neu	nuovo (a)
Neujahr	il Capodanno
Neuseeland	la Nuova Zelanda
die **Nichte**	la nipote
Nichtraucher	non fumatori
niedlich	carino (a)
niesen	starnutire
das **Nilpferd**	l'ippopotamo
die **Niederlande**	i Paesi Bassi
der **Norden**	il nord
der **Nordpol**	il polo nord
der **Notfall**	il caso urgente
der **Notruf**	la chiamata d'emergenza
November	novembre
die **Nudeln** (fein)	la pasta
die **Nummer**	il numero
das **Nummern-** schild	la targa
nützlich	utile

O

oben	su
nach **oben** gehen	andare giù
Oberbekleidung	abbigliamento
das **Obst**	la frutta
der **Obstgarten**	il fruttoto
das **Obsttörtchen**	il dolce di frutta
offen, geöffnet	aperto (a)

öffnen	aprire
ohne	senza
in **Ohnmacht** fallen	svenire
das **Ohr**	l'orecchio
der **Ohrring**	l'orecchino
Oktober	ottobre
das **Öl**	l'olio
der **Onkel**	lo zio
die **Oper**	l'opera
die **Operation**	l'operazione (w)
der **Operationssaal**	la sala operatoria
orange	arancione
das **Orchester**	l'orchestra
ordentlich	ordinato (a)
der **Osten**	l'est (m)
Ostern	la Pasqua
Österreich	l'Austria

P

das **Päckchen**	il pacchetto
das **Paket**	il pacco
der **Papierkorb**	il cestino
das **Parfum**	il profumo
der **Park**	il parco
parken	parcheggiare
der **Parkplatz**	il parcheggio
der **Parkwächter**	il guardiano del parco
das **Parlament**	il parlamento
die **Partei**	il partito
der **Paß**	il passaporto
das **Passagierschiff**	la nave passageri
der/die **Patient**(in)	il/ la paziente
die **Pause**	la pausa
der **Pazifik**	il Pacifico
die **Pension**	la pensione
die **Personenwaage**	la billancia
der **Pfarrer** (kath.)	il parrocco
der **Pfeffer**	il pepe
das **Pferd**	il cavallo
das **Pferderennen**	la corsa di cavalli
der **Pferdestall**	la scuderia
der **Pfirsich**	la pesca
der **Planet**	il pianeta
pflanzen	piantare
die **Pflaume**	la prugna
pflücken	raccogliere
pflügen	arare
die **Pfote**	la zampa
Ein **Pfund** ...	Un mezzo chilo di ...
die **Pfütze**	la pozzanghera
die **Physik**	la fisica
das **Picknick**	il picnic
die **Piers**, Docks	il bacino
der **Pilot**	il pilota

der **Pinguin**	il pinguino
der **Pinsel**	il pennello
die **Piste**	la pista
planschen	guazzare
aus **Plastik**	di plastica
die **Platte**	il disco
einen **platten** Reifen haben	avere un pneumatico a terra
der **Plattenspieler**	il giradischi
der **Platz**	il posto
der **Platz** (Straße)	la piazza
die **Platzanweiserin**	la maschera
plaudern	chiacchierare
sich einen Zahn **plombieren** lassen	farsi otturare un dente
plus	più
der **Pol**	il polo
die **Politik**	la politica
das **Polizeiauto**	l'auto (w) della polizia
die **Polizeiwache**	il posto di polizia
der **Polizist**	il poliziotto
der **Pony** (Frisur)	la frangetta
die **Popmusik**	la musica pop
die **Post** (Postamt)	l'ufficio postale
die **Post**	la posta
die **Postleitzahl** (PLZ)	il codice di avviamento postale (C.A.P.)
die **Postkarte**	la cartolina postale
postwendend	a giro di posta
der **Präsident**	il presidente
der **Preis**	il prezzo
preiswert	buon mercato
probieren, kosten	assaggiare
das **Programm**	il programma
die **Prüfung**	l'esame (m)
das **Publikum**	gli spettatori
der **Pullover** (Woll-)	il pullover
den **Puls** fühlen	tastare il polso
der **Punkt**	il punto
pünktlich ankommen	arrivare in tempo
pünktlich sein	essere puntuale

Q

das **Quadrat**	il quadrato
die **Quittung**	lo scontrino

R

das **Rad**	la ruota
der **Radiergummi**	la gomma
das **Radio**	la radio
der **Rasen**	il prato

den **Rasen** mähen	tosare il prato
der **Rasenmäher**	la tosatrice
der **Rasierapparat**	il rasoio elettrico
sich **rasieren**	farsi la barba
der **Rasierer**	il rasoio
der **Rasierschaum**	la schiuma da barba
das **Rathaus**	il municipio
der **Rauch**	il fumo
Rauchen verboten (Nichtraucher)	non fumatore
das **Raumschiff**	la nave spaziale
der **Rebstock**	la vite
rechnen	calcolare
die **Rechnung**	il conto
die **rechte** Seite	la parte destra
das **Rechteck**	il rettangolo
rechts (Partei)	di destra
der **Rechtsanwalt**/ die **Rechtsan-** **wältin**	l'avvocato (essa)
die **Rechtschreibung**	l'ortografia
das **Regal**	lo scaffale
der **Regen**	la pioggia
der **Regenbogen**	l'arcobaleno
der **Regenmantel**	l'impermeabile (m)
der **Regenschirm**	l'ombrello
der **Regentropfen**	la goccia di pioggia
die **Regierung**	il governo
Es **regnet.**	Piove.
sich die Augen **reiben**	stroppicciarsi gli occhi
reif	maturo (a)
der **Reifen**	il pneumatico
der **Reis**	il riso
der **Reisebus**	il pullman
der/die **Reisende**	il/ la viaggiatore
der **Reißverschluß**	la chiusura lampo
reizend	grazioso (a)
die **Reklame**	la pubblicità
in **Rente** gehen	andare in pensione
reparieren	riparare
reservieren	prenotare
das **Restaurant**	il ristorante
das **Rezept**	la ricetta
der/die **Richter**(in)	il/ la giudice
die **Richtung**	la direzione
gut **riechen**	essere odoroso
riesig	enorme
der **Ring**	l'anello
der **Rock**	la gonna
roh	crudo (a)
die **Rollbahn**	la pista
die **Rolltreppe**	la scala mobile
der **Roman**	il romanzo

rosa	rosa
die **Rose**	la rosa
der **Rosenkohl**	il cavolino di Bruxelles
rot	rosso (a)
der **Rücken**	la schiena
rückenschwimmen	nuotare sul dorso
die **Rückfahrkarte**	il biglietto di ritorno
der **Rucksack**	lo zaino
rückwärts	fare marcia indietro
das **Ruder**	il remo
das **Ruderboot**	la barca a remi
rudern	remare
rufen	gridare
ruhig	tranquillo (a)/qieto (a)
rühren	mescolare
der **Rüssel**	lo proboscide
Rußland	la Russia
die **Rutschbahn**	lo scivolo

S

säen	seminare
der (**Frucht-**)**Saft**	la spremuta di frutta
die **Säge**	la sega
sagen	dire
sägen	segare
die **Sahne**	la crema
die **Sahnetorte**	la torta alla panna
die **Salami**	il salame
der **Salat**	l'insalata
das **Salz**	il sale
der **Samen**	il seme
die **Sammlung**	la collezione
Samstag	sabato
der **Sand**	la sabbia
die **Sandalen**	i sandali
die **Sandburg**	il castello di sabbia
das **Sandeimerchen**	il secchiello
die **Sandschaufel**	la pala
sanft	tranquillo (a)
der/die **Sänger**(in)	il/ la cantante
der **Satz**	la frase
sauber	pulito (a)
sauer	aspro (a)
säumen	orlare
Schach spielen	giocare agli scacchi
das **Schaf**	la pecora
der **Schäferhund**	il cane pastore
der **Schaffner**	il bigliettaio
der **Schal**	la sciarpa
die **Schallplatte**	il disco
das **Schallplatten-** **geschäft**	il negozio di dischi
scharf (Foto)	nitido (a)

der **Schatten**	l'ombra	**schnell**	veloce
die **Schaufel**	la pala	der **Schnellzug**	il treno rapido
das **Schaufenster**	la vetrina	die **Schnittbohne**	il fagiolino
einen **Schaufenster-bummel** machen	fare un giro per vedere le vetrine	die **Schnittwunde**	la ferita da taglio
die **Schaukel**	l'altalena	einen **Schnurrbart** haben	avere i baffi
der **Schauspieler**	l'attore	**schnurren**	fare le fusa
die **Schauspielerin**	l'attrice	die **Schokolade**	il cioccolato
einen **Scheck** ausstellen	emettere un assegno	die **Scholle**	la sogliola
das **Scheckheft**	il libretto degli assegni	**schön**	bello (a)
		der **Schornstein**	il camino/ il fumaiolo
der **Scheinwerfer**	il proiettore	die **Schraube**	la vite
der Auto**scheinwerfer**	il faro	der **Schraubenzieher**	il cacciavite
(be-)**schenken**	regalare	**schreiben**	scrivere
die **Schere**	le forbici (w/M)	**schreien**	gridare
die **Scheune**	il granaio	die **Schubkarre**	la carriola
schicken	mandare	**schüchtern**	timido (a)
der **Schiedsrichter**	l'arbitro	die **Schuhe**	le scarpe
das **Schiff**	la nave	in der **Schule**	in scuola
die **Schildkröte**	la tartaruga	der/die **Schüler**(in)	lo/ la scolaro (a)
das **Schilf**	la canna	der **Schulhof**	il cortile della scuola
der **Schinken**	il prosciutto	das **Schuljahr**	l'anno scolastico
Schlaf gut!	Dormi bene!	die **Schultasche**	la cartella
der **Schlafanzug**	il pigiama	die **Schulter**	la spalla
schlafen	dormire	**schütteln**	agitare
die **Schlafenszeit**	l'ora di andare a dormire	**schwach**	debole
das **Schlaflied**	la ninnananna	der **Schwanz**	la coda
der **Schlafsack**	il sacco a pelo	**schwarz**	nero (a)
der **Schlafwagen**	il vagone letto	**schweigsam**	taciturno
das **Schlafzimmer**	la camera da letto	das **Schwein**	il maiale
der **Schläger**	la raccheta	das **Schweinefleisch**	la costoletta di maiale
die **Schlagzeilen**	i titoli	die **Schweiz**	la Svizzera
Schlagzeug spielen	suonare la batteria	**schwer**	difficile
die **Schlange**	il serpente	die **Schwester**	la sorella
schlank	snello (a)	**schwierig**	difficile
sich **schlecht** fühlen	sentirsi male	das **Schwimmbad**	la piscina
		schwimmen	nuotare
schließen	chiudere	**schwitzen**	sudare
der **Schlitten**	la slitta	der **See**	il lago
Schlußverkauf	la svendita	die **Seealgen**	l'alga marina
schmal	stretto (a)	der **Seemann**	il marinaio
(Kopf-) **Schmerzen** haben	avere mal di testa	**seekrank** sein	soffrire di mal di mare
		der **Seemann**	il marinaio
der **Schmetterling**	la farfalla	der **Seestern**	la stella di mare
sich **schminken**	truccarsi	der **Seetang**	l'alga marina
der **Schmuck**	i gioielli	die **Seezunge**	la sogliola
schmutzig	sporco (a)	**Sehr** geehrte Damen und Herren, ...	Egregi Signori, ...
der **Schnabel**	il becco		
schnarchen	russare	die **Seife**	il sapone
der **Schnee**	la neve	die **Seitenstraße**	la strada laterale
der **Schneemann**	il pupazzo di neve	der/die **Sekretär**(in)	il/ la segretario (a)

die **Sekunde**	il secondo	der **Spieler**	il giocatore
der **Senf**	la senape	die **Spielwaren**	i giocattoli
September	settembre	der **Spinat**	gli spinaci (m/M)
die **Serviette**	il tovagliolo	die **Spinne**	il ragno
der **Sessel**	la poltrona	der **Spirituskocher**	il fornello a spirito
sich **setzen**	sedersi	die **Sportabteilung**	il reparto degli
das **Shampoo**	lo shampoo		articoli sportivi
der **Sicherheitsgurt**	la cintura di	**Sportartikel**	articoli sportivi
	sicurezza	ins Wasser **springen**	fare un tuffo
aus **Silber**	d'argento	die **Spritze**	l'iniezione (w)
Silvester	San Silvestro	**spritzen**	spruzzare
singen	cantare	das **Sprungbrett**	il trampolino
sitzen	essere seduto (a)	das **Spülbecken**	il lavandino
Skandinavien	la Scandinavia	**Squash** spielen	giocare allo squash
die **Skier**	gli sci	die **Stadt**	la città
skifahren	sciare	die **Stadtmitte**	il centro
der/die **Skilehrer**(in)	l'insegnante di sci	der **Stadtteil**	il quartiere
der **Skiort**	la stazione invernale	die **Stadtverwaltung**	il municipio
die **Skistiefel**	gli scarponi da sci	der **Stall**	la stalla
der **Skistock**	il bastone da sci	der (Taxi-) **Stand**	il posteggio di tassì
der **Slip**	le mutandine	**stark**	robusto (a)
die **Socken**	i calzini	**starten**	decollare
das **Sofa**	il divano	die **Statue**	la statua
der **Sohn**	il figlio	der **Stau**	l'ingorgo
der **Soldat**	il soldato	**staubsaugen**	passare l'aspira-
der **Sommer**	l'estate (w)		polvere
die **Sommer-**	le lentiggini	das **Steak**	la bistecca
sprossen		**stechen**	pungere
das **Sonderangebot**	l'offerta speciale	der **Stecker**	la spina
die **Sonne**	il sole	die **Stecknadel**	lo spillo
der **Sonnenaufgang**	il sorgere del sole	**stehen**	stare in piedi
sonnenbaden	prendere il sole	**stehlen**	rubare
die **Sonnenbrille**	gli occhiali da sole	ins Flugzeug	salire a bordo
das **Sonnenöl**	l'abbronzante (m)	**steigen**	
der **Sonnenschirm**	l'ombrellone (m)	**steil**	ripido (a)
der **Sonnenunter-**	il tramonto del sole	**sterben**	morire
gang		der **Stern**	la stella
Sonntag	domenica	die **Steuern**	le tasse
sortieren	classificare	die **Stewardeß**	la hostess
die **Sowjetunion**	l'Unione Sovietica	die **Stiefel**	gli stivali
Spanien	la Spagna	das **Stirnband**	la benda
spanisch	spagnuolo	die **Stirn** runzeln	corrugare la fronte
Spaß haben	divertirsi	das **Stockwerk**	il piano
zu **spät** kommen	arrivare in ritardo	der **Stoff**	il tessuto
Wie **spät** ist es?	Che ora è?	der **Stöpsel**	il tappo
der **Spaten**	la vanga	**stoßen**, schieben	spingere
der **Spatz**	il passero	der **Stoßzahn**	la zanna
spazierengehen	fare una passeggiata	am **Strand**	la spiaggia
die **Speisekarte**	il menu	die **Straßenecke**	l'angolo
der **Speisewagen**	il vagone ristorante	die **Straßen-**	il lampione
die **Sperre**	la sbarra	**laterne**	
der **Spiegel**	lo specchio	der **Straßenmarkt**	il mercato aperto
die **Spiele**	i giochi	die **Straße**	la strada
spielen	giocare	der **Strauß** (Vogel)	lo struzzo

sich **strecken**	stirarsi
der **Streik**	lo sciopero
stricken	lavorare a maglia
die **Stricknadeln**	i ferri da calza
der **Strohhaufen**	il pagliaio
der elektrische **Strom**	il corrente
die **Strumpfhose**	il collant
der/die **Student**(in)	il studente, la studentessa
studieren	studiare
der **Stuhl**	la sedia
die **Stunde**	l'ora
der **Stundenplan**	l'orario
sich **stützen** auf	appoggiarsi a
subtrahieren	sottrarre
suchen	cercare
der **Süden**	il sud
der **Südpol**	il polo sud
zum **Supermarkt** gehen	andare al supermercato
die **Suppe**	la minestra
die **Suppentasse**	il piatto fondo
süß	dolce

T

das **Tablett**	il vassoio
die **Tablette**	la pillola
die **Tafel**	la lavagna
der **Tag**	il giorno
Guten **Tag!**	Buon giorno!
die (Stepp-)**Tagesdecke**	il copriletto
den **Takt** mitklopfen	battere il tempo
das **Tal**	la valle
tanken (voll)	fare il pieno
die **Tankstelle**	il distributore di benzina
die **Tanne**	l'abete (m)
die **Tante**	la zia
tanzen	ballare
der/die **Tänzer**(in)	il/ la ballerino (a)
die **Tanzfläche**	la pista da ballo
die **Tasche** (in der Kleidung)	la tasca
das **Taschenbuch**	il libro tascabile
der **Taschenrechner**	la calcolatrice tascabile
die **Tasse**	la tazza
die **Tastatur**	la tastiera
die **Taube**	il piccione
tauen	sgelare
das **Taxi**	il tassì
der **Taxifahrer**	il tassista

der **Taxistand**	il posteggio di tassì
der **Tee**	il tè
die **Teekanne**	la teiera
der **Teich**	lo stogno
teilen	dividere
das **Telefon**	il telefono
das **Telefonbuch**	l'elenco telefonico
der **Telefonhörer**	il ricevitore
telefonieren	telefonare
die **Telefonnummer**	il numero di telefono
die **Telefonzelle**	la cabina telefonica
das **Telegramm**	il telegramma
ein **Telegramm** schicken	mandare un telegramma
der **Teller**	il piatto
Tennis spielen	giocare al tennis
der **Tennisball**	la palla da tennis
der **Tennisplatz**	il campo da tennis
der **Tennisschläger**	la racchetta da tennis
der/die **Tennisspieler**(in)	il giocatore/ la giocatrice di tennis
der **Teppich**	il tappeto
der **Teppichboden**	la moquette
der **Terminkalender**	l'agenda
Das ist **teuer**.	È caro (a).
das **Theater**	il teatro
das **Theaterstück**	il lavoro teatral
das **Thermometer**	il termometro
tief	profondo (a)
die **Tiefkühlkost**	i prodotti surgelati
das **Tier**	l'animale (m)
der **Tiger**	la tigre
der **Tisch**	la tavola
den **Tisch** decken	apparecchiare la tavola
die **Tischdecke**	la tovaglia
der **Tischler**	il falegname
das **Tischlern**	lavori da falegname
die **Tochter**	la figlia
der **Tod**	la morte
die **Toilette**	il gabinetto
die **Tomate**	il pomodoro
das **Tonbandgerät**	il registratore
ein **Tor** schießen	fare un gol
der **Torschütze**	il portiere
die **Torte**	la torta
der **Torwart**	il portiere
der/die **Tourist**(in)	il/ la turista
tragen	portare
die **Tragetasche**	il sacchetto
trainieren	allenarsi
der **Trainingsanzug**	la tuta (sportiva)

der **Traktor**	il trattore
die **Traube**	l'uva
träumen	sognare
traurig	triste
die **Trauung**	le nozze
treffen	incontrare
treiben	andare alla deriva
die **Treppe**	la scala
trinken	bere
das **Trinkgeld**	la mancia
Trompete spielen	suonare la tromba
trüb	torbido (a)
das **T-Shirt**	la maglietta
das **Tuch**	l'asciughino
die **Tulpe**	il tulipano
die **Tür**	la porta
Turnen	la ginnastica
die **Tüte**	il sacchetto

U

die **U-Bahn**	la metropolitana
die **U-Bahn-Station**	la stazione della metropolitana
über	sopra
die **Überfahrt**	la traversata
der (Fußgänger-) **Übergang**	le strisce pedonali
überholen	sorpassare
übermorgen	dopodomani
die Straße **überqueren**	attraversare la strada
die **Überschrift**	il titolo
die **Überschwemmung**	l'inondazione (w)
die **Überstunde**	lo straordinario
das **Ufer**	la riva
die **Uhr**	l'orologio
acht **Uhr** morgens	le otto di mattina
umkippen	rovesciarsi
der (Brief-)**umschlag**	la busta
umwerfen	rovesciare
umziehen	cambiare casa
der **Unfall**	l'incidente (m)
die **Unfallstation**	la stazione di pronto soccorso
unhöflich	scortese
die **Universität**	l'università
das **Universum**	l'universo
das **Unkraut**	l'erbaccia
unscharf	sfocato (a)
unten	su
unter	sotto
die **Unterführung**	il sottopassaggio
das **Untergeschoß**	lo scantinato

sich **unterhalten**	discorrere
sich gut **unterhalten**	divertirsi
das **Unterhemd**	la canottiera
die **Unterhose**	le mutande
der **Unterricht**	la lezione
unterrichten	insegnare
der **Unterrock**	la sottana
unterschiedlich	differente
die **Untertasse**	il piattino
unvorsichtig	imprudente
in den **Urlaub** fahren	andare in vacanza

V

der **Vater**	il padre
der **Verband**	la fasciatura
die **Verbrennung**	l'ustione (w)
die **Vereinigten** Staaten	gli Stati Uniti
verfolgen	seguire
die **Vergangenheit**	il passato
das **Vergißmein-nicht**	il non-ti-scordar-di-me
sich **vergnügen**	divertirsi
verkaufen	vendere
der/die **Verkäufer**(in)	il/ la commesso (a)
der **Verkaufsstand**	il banco di vendita
der **Verkehr**	il traffico
die **Verkehrsampel**	il semaforo
verladen	caricare
verlieren	perdere
sich **verloben**	fidanzarsi
die **Verpackung**	la confezione
verrühren	mescolare
Verspätung haben	essere in ritardo
verspielt	giocherellone
sich die Hand **verstauchen**	slogarsi la mano
sich **verstecken**	nascondersi
verwandt sein mit	essere parente di
nichts zu **verzollen**	niente da dichiarare
der **Vetter**	il cugino
das **Videogerät**	il videoregistratore
die **Videokamera**	la videocamera
Viel Glück!	Tanti auguri!
Vielen Dank!	Mille grazie!
das **Viertel**	il quarto
der **Vogel**	l'uccello
die **Vogelscheuche**	lo spaventapasseri
voll	pieno (a)
das **Volumen**	il volume
von	di
vor	davanti a

vorgestern	l'altroieri	der (Garten-) **Weg**	il sentiero/ il cammino
der **Vorhang**	la tenda	der **Wegweiser**	l'indicatore stradale
der **Vorname**	il prenome	**weich**	morbido (a)
der **Vorort**	il sobborgo	die **Weide**	la salice
Vorsicht, bissiger Hund!	Attenti al cane!	der **Weiher**	lo stagno
		Weihnachten	Natale
vorsichtig	prudente	Frohe **Weihnachten**!	Buon Natale!
der/die **Vorsitzende**	il/ la capo del partito	der **Weihnachts-baum**	l'albero di natale
die **Vorspeise**	l'antipasto		
vorstellen	presentare	**Weihnachtslied**	il canto natalizio
die **Vorwahl**	il prefisso	der **Wein**	il vino
vorwärts	fare marcia avanti	der **Weinberg**	il vigneto
		weinen	piangere
W		die **Weinrebe**	la vite
die **Waage**	la bilancia	die **Weintraube**	l'uva
der (Park-) **Wächter**	il guardiano	**weiß**	bianco (a)
der **Waggon**	il vagone	der **Weißkohl**	il cavolo bianco
die **Wahl**	l'elezione (w)	**weit**	largo (a)
wählen	eleggere	**weit weg** von	lontano da
die Nummer **wählen**	comporre il numero	der **Weizen**	lo frumento
wahr	vero (a)	die **Welle**	l'onda
der **Wald**	il bosco	der **Wellensittich**	il pappagallino
die **Wand**	la parete	der **Welpe**	il cucciolo
die **Wange**	la guancia	die **Welt**	il mondo
Mir ist **warm**.	Ho caldo.	der **Weltraum**	lo spazio
warten auf	aspettare	**werfen**	gettare
der **Wärter**	il custode, il guardiano	**wert sein**	valere
		die **Wespe**	la vespa
der **Wartesaal**	la sala d'aspetto	der **Westen**	l'ovest (m)
die **Wäsche**	il bucato	das **Wetter**	il tempo
die **Wäsche-klammer**	la molletta da bucato	die **Wettervor-hersage**	la previsione del tempo
		wichtig	importante
die **Wäscheleine**	la corda per il bucato	Auf **Wiederhören**!	A risentirci!
		Auf **Wiedersehen**!	Arrivederci!
waschen	fare il bucato	die **Wiege**	la culla
sich **waschen**	lavarsi	**wiegen**	pesare
der **Waschlappen**	il guanto da bagno	das **Wiegenlied**	la ninnananna
die **Wasch-maschine**	la lavatrice	die **Wiese**	il prato
		die **Wiesenblumen**	i fiori di campo
das heiße **Wasser**	l'acqua calda	**wild**	feroce
das **Wasser** ein-laufen lassen	fare scorrere l'acqua	die **Wimpern-tusche**	la mascara
der **Wasserhahn**	il rubinetto dell'acqua	der **Wind**	il vento
		die **Windschutz-scheibe**	il parabrezza
Wasserski fahren	praticare lo sci nautico		
		windsurfen	praticare il windsurf
Haben Sie **Wechselgeld**?	Ha degli spiccioli?	der **Winter**	l'inverno
		winzig	piccolissimo (a)
der **Wechselkurs**	il corso dei cambi	**witzig**, lustig	buffo
Geld **wechseln**	cambiare denaro	**Wo** liegt ...?	Dove è ...?
der **Wecker**	la sveglia	die **Woche**	la settimana
mit dem Schwanz **wedeln**	scodinzolare	das **Wochenende**	il fine settimana
		wohnen	abitare
weg von	via de		

die **Wohnung**	l'appartamento (m)
der **Wohnwagen**	la roulotte
das **Wohnzimmer**	il soggiorno
die **Wolke**	la nuvola
der **Wolkenkratzer**	il grattacielo
die **Wolle**	la lana
die **Wolljacke**	il golf
das **Wort**	la parola
Was **wünschen** Sie?	Che cosa desidera?
die **Wurst**	il salume
das **Wurstwaren-** **geschäft**	la salumeria
die **Würze**	il condimento
die **Wüste**	il deserto

Z

zahm	docile
der **Zahn**	il dente
sich einen **Zahn** plombieren lassen	farsi otturare un dente
der **Zahnarzt,** die Zahnärztin	il/ la dentista
die **Zahnbürste**	lo spazzolino da denti
sich die **Zähne** putzen	pulirsi i denti
die **Zahnpasta**	il dentifricio
das **Zebra**	la zebra
der **Zebrastreifen**	le strisce pedonali
der **Zeh**	il dito del piede
der/die **Zeichner**(in)	il disegnatore, la disegnatrice
die **Zeit**	il tempo
die **Zeitkarte**	l'abbonamento
die **Zeitschrift**	la rivista
die **Zeitung**	il giornale
der **Zeitungsstand**	il chiosco

das **Zelt**	la tenda
das **Zelt** aufbauen	montare la tenda
zelten	campeggiare
der **Zentimeter**	il centimetro
zerbrechen	rompere
zerreißen	stracciare
die **Ziege**	la capra
ziehen	tirare
ein **Zimmer** bestellen	prenotare una camera
die **Zitrone**	il limone
der **Zoll**	la dogana
der **Zollbeamte**	il doganiere
der **Zoo**	lo zoo
der **Zopf**	la treccia
der **Zucker**	lo zucchero
zufrieden mit	contento di
der **Zug**	il treno
der **Zug** aus ...	il treno da ...
der **Zug** nach ...	il treno per ...
den **Zug** erreichen	riuscire a prendere il treno
den **Zug** verpassen	perdere il treno
Zugabe!	Bis!
die **Zukunft**	il futuro
die **Zunge**	la lingua
zurückhaltend, schüchtern	timido (a)
zusammen	insieme
zusammenzählen	addizionare
zustellen (Post)	distribuire
die **Zutaten**	gli ingredienti
der **Zweig**	il ramo
der **zweite**	il due
die **zweite** Klasse	la seconda classe
die **Zwiebel**	la cipolla
die **Zwillinge**	i gemelli
zwischen/unter	fra/ tra

© 1990 für die deutsche Fassung:
arsEdition, München
© 1988 Usborne Publishing Ltd., London
Gestaltung: Brian Robertson
Gestalterische Mitarbeit: Kim Blundell
Handschriften: Peter M. Dockhorn
Umschlaggestaltung:
Atelier Langenfass, Ismaning
Alle Rechte vorbehalten
Printed in Germany
ISBN 3-7607-4535-0
99 98 97 96 95   8 7 6 5 4

CIP-Titelaufnahme der Deutschen Bibliothek
Davies, Helen:
Bildwörterbuch italienisch / Helen Davies ;
Renate Navé. -
München : Ars-Ed., 1990
  ISBN 3-7607-4535-0
NE: HST

Sprachbücher, die Spaß machen:

ISBN 3-7607-**4582**-2

Weitere Sprachen in der Reihe
»Bildwörterbuch«
Bildwörterbuch Französisch
ISBN 3-7607-**4520**-2
Bildwörterbuch Italienisch
ISBN 3-7607-**4535**-0
Bildwörterbuch Spanisch
ISBN 3-7607-**4521**-0

Weitere Sprachen in der Reihe
»Sprachführer«
Englisch für unterwegs
ISBN 3-7607-**4557**-1
Französisch für unterwegs
ISBN 3-7607-**4558**-X
Italienisch für unterwegs
ISBN 3-7607-**4559**-8
Spanisch für unterwegs
ISBN 3-7607-**4560**-1

ISBN 3-7607-**4519**-9

Informative Sachbücher, die Spaß machen:

Dieses Buch erklärt mit vielen Illustrationen und klaren Texten, wie die 222 wichtigsten Geräte, Dinge und Vorgänge des Alltags fuktionieren. Viele Querschnittszeichnungen lassen in das Innere der Geräte blicken, Bildfolgen zeigen Abläufe

ISBN 3-7607-**4591**-1

ISBN 3-7607-**4632**-2

ISBN 3-7607-**4625**-x

ISBN 3-7607-**4626**-8

arsΞdition